図解でわかる

経理部員の基礎知識

役割・機能・仕事——
部門に1冊の実務マニュアル

The Accounting Department

栗山俊弘　山本浩二　松澤和浩

日本能率協会マネジメントセンター

本書は 2010 年 9 月刊『図解でわかる部門の仕事 改訂 3 版 経理部』を大幅に加筆・修正し、最新の実務に対応した内容に刷新し刊行するものです。

はじめに

　近年、経理部の仕事に大きな影響を与えている外部環境を整理すると、ITの進展に伴う経理のDX化、特に改正電子帳簿保存法の施行、そして経済活動の国際化に伴う会計情報のグローバル化に連結決算の会計報告、さらには事業存続の指標とする資本コストや株価を意識した経営への変化などがあげられます。

　そのことを前提に、本書は会社にはなくてはならない正しい会計情報の作成と提供を担う経理部の仕事に必要なことを全体的かつ具体的に理解できることを目的に執筆しました。

　第1章と第2章では、経理部は果たして会社にとってどのような役割と機能が求められ、社内外でどのようなポジションにあるのかを具体的に述べていきます。第3章では、日単位、月単位、年単位で行う業務を概括します。そして第4章から第6章は、経理の基本業務である「財務会計」「資金管理」「管理会計」について詳しく解説します。また第7章では知っておくべき法的知識と会計基準について述べ、第8章では経理人としてのあるべき姿を説いています。

　この構成は、会社の数字を担う経理部の皆さんが「いつ、何を、どうすれば良いか」、日常の業務を滞りなく行えるようにと、体系的に検討しながらまとめました。本書が御社の経理部の強化や人材の育成に少しでも貢献できるなら幸いです。

2024年4月

著者を代表して　栗山俊弘

経理部の社内関連図

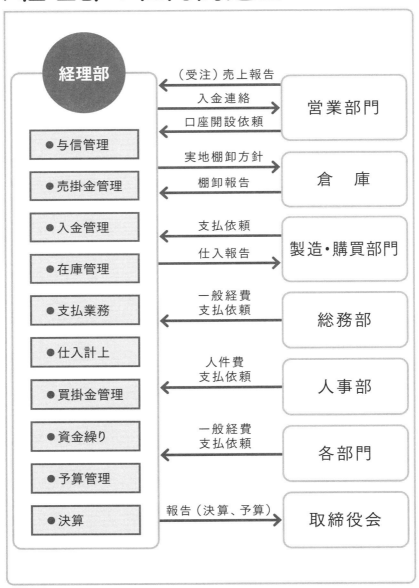

経理部の社外関連図

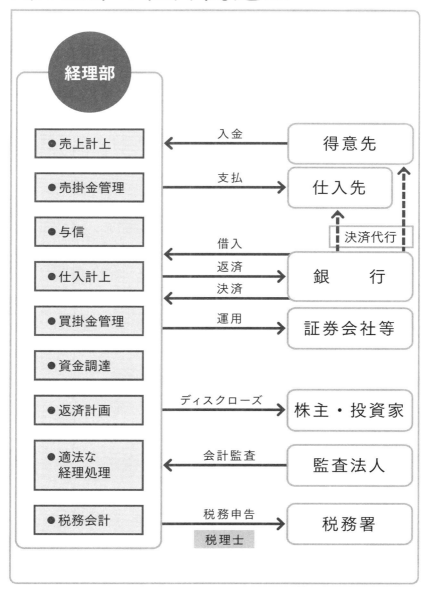

経理部員の基礎知識

目次

はじめに ··· 3

経理部の社内関連図 ·· 4

経理部の社外関連図 ·· 5

第1章 経理部の役割と機能

1 ◆ 会社の経理の役割 ·· 14

2 ◆ 情報の作成機能と発信機能 ·· 16

3 ◆ 経理部に求められる3つの要件 ·· 18

4 ◆ 情報開示機能（ディスクロージャー） ······························· 20

5 ◆ 内部統制機能 ··· 22

6 ◆ 管理システム構築機能 ·· 26

7 ◆ 経営戦略の一翼を担う経理部 ·· 28

8 ◆ 事業再編における役割 ·· 30

9 ◆ M&Aにおける役割 ·· 32

10 ◆ 持株会社における役割 ·· 34

11 ◆ 資金調達における役割 36

12 ◆ 国際会計基準（IFRS）への対応 38

13 ◆ 国際会計基準（IFRS）の内容 40

14 ◆ 電子申告と経理部 42

経理部員に必要なビジネススキル① 正確力 44

第**2**章　経理部の位置づけ

15 ◆ 社内的位置づけ① 内部統制の要 46

16 ◆ 社内的位置づけ② 他部門のサービススタッフ 48

17 ◆ 社内的位置づけ③ 経営情報の発信機能 50

18 ◆ 社外的位置づけ① 金融機関への対応 52

19 ◆ 社外的位置づけ② 投資家へのディスクローズ 54

20 ◆ 社外的位置づけ③ 取引先への対応 56

21 ◆ 社外的位置づけ④ 税務調査、会計監査への対応 ... 58

経理部員に必要なビジネススキル② 説明力 60

経理部の年間基本スケジュールと基本業務

経理部年間カレンダー ………………………………………………………… 62

22 ◆ 毎日の作業① 仕訳伝票の作成 ……………………………………………… 64

23 ◆ 毎日の作業② 仕訳伝票の入力と勘定の把握 …………………………… 66

24 ◆ 月間の作業① 帳簿の締切に付随する業務 …………………………… 68

25 ◆ 月間の作業② 月次決算に付随する業務 …………………………… 70

26 ◆ 経理の仕事の３つの目的 ……………………………………………… 72

27 ◆ 財務会計の基本 ………………………………………………………… 74

28 ◆ 資金管理の基本 ………………………………………………………… 76

29 ◆ 管理会計の基本 ………………………………………………………… 78

経理部員に必要なビジネススキル③ 抑止力 ……………………………… 80

財務会計の基本と実務

30 ◆ 財務会計に関する必須知識の理解 …………………………………… 82

31 ◆ 簿記の基本 ……………………………………………………………… 84

32 ◆ 複式簿記の２大要素 …………………………………………………… 86

33 ◆ 会計システムの種類 …………………………………………………… 88

34 ◆ 会計システムと業務システム ………………………………………… 90

35 ◆ 経理業務の DX 化 ……………………………………………………… 92

36 ◆ 決算と財務諸表 ···················· 94

37 ◆ 財務報告と税務申告 ················ 96

38 ◆ 会計方針の選択基準 ················ 98

39 ◆ 取引の把握と仕訳 ·················· 100

40 ◆ 原価計算 ·························· 102

41 ◆ 在庫管理の基本 ···················· 104

42 ◆ 固定資産管理と減価償却 ············ 106

43 ◆ 債権管理 ·························· 108

44 ◆ 外貨建取引と為替 ·················· 110

45 ◆ 有価証券の管理と評価 ·············· 112

46 ◆ 電子帳簿保存法による帳簿類の保存 ·· 114

47 ◆ 月次決算書の作成と報告 ············ 116

48 ◆ 決算及び税務申告の業務 ············ 118

49 ◆ 決算方針の確定 ···················· 120

50 ◆ 決算書の作成 ······················ 122

51 ◆ 法人税及び地方税の申告 ············ 124

52 ◆ 消費税の申告とインボイス ·········· 126

53 ◆ インボイスの対応とデジタルインボイス ·· 128

54 ◆ 監査業務への対応 ·················· 130

55 ◆ 株主総会への対応 ·················· 132

56 ◆ 連結決算の手続き ·················· 134

57 ◆ 有価証券報告書の作成 ·············· 136

58 ◆ 税務調査への対応 ·················· 138

経理部員に必要なビジネススキル④ 俯瞰力 ·········· 140

第5章 資金管理の基本と実務

59 ◆ 資金と利益 ……………………………………………………… 142

60 ◆ キャッシュフロー計算書と資金繰り表 …………………… 144

61 ◆ 資金管理の実務 …………………………………………………… 146

62 ◆ 現預金の出納・経費精算の実務 …………………………… 148

63 ◆ 小切手・手形とでんさい（電子記録債権） ……………… 150

64 ◆ 資金調達の実務 …………………………………………………… 152

65 ◆ 資金運用の実務 …………………………………………………… 154

【経理部員に必要なビジネススキル⑤】問題発見力 …………… 156

第6章 管理会計の基本と実務

66 ◆ 管理会計とは何か ………………………………………………… 158

67 ◆ 経営分析 ……………………………………………………………… 160

68 ◆ 限界利益と損益分岐点 ………………………………………… 162

69 ◆ 原価管理の実務 …………………………………………………… 164

70 ◆ 利益管理の実務 …………………………………………………… 166

71 ◆ 全部原価計算と直接原価計算の利益の違い ……………… 168

72 ◆ 中期経営計画の策定 …………………………………………… 170

73 ◆ 予算の編成 ………………………………………………………… 172

74 ◆ 業績評価会計の実務 ………………………………… 174

75 ◆ その他の管理会計の仕事 ……………………………… 176

経理部員に必要なビジネススキル⑥ 改善力 ……………………… 178

第 **7** 章 経理部の法的知識と
会計基準への対応

76 ◆ 経理業務上の法的知識と会計基準への対応 ………… 180

77 ◆ 企業会計原則 …………………………………………… 182

78 ◆ 中小企業の会計基準 …………………………………… 184

79 ◆ 会社法 …………………………………………………… 186

80 ◆ 金融商品取引法 ………………………………………… 188

81 ◆ 法人税法 ………………………………………………… 190

82 ◆ 倒産法 …………………………………………………… 192

83 ◆ 税効果会計 ……………………………………………… 194

84 ◆ 退職給付会計 …………………………………………… 196

85 ◆ リース取引の会計と税務 ……………………………… 198

86 ◆ 資産除去債務会計 ……………………………………… 200

経理部員に必要なビジネススキル⑦ 行動力 ……………………… 202

第8章 経理部員に必要な心構え

87 ◆ 経理部員の心構 ⋯⋯⋯⋯⋯⋯⋯⋯⋯⋯⋯⋯⋯⋯⋯⋯⋯⋯⋯⋯ 204

88 ◆ 経理部員の自己啓発 ⋯⋯⋯⋯⋯⋯⋯⋯⋯⋯⋯⋯⋯⋯⋯⋯⋯ 206

89 ◆ 経理部管理者の心構え① 経営管理の要 ⋯⋯⋯⋯⋯⋯⋯ 208

90 ◆ 経理部管理者の心構え② マネジメントサイクルによる管理 ⋯ 210

91 ◆ 経理部管理者の心構え③ 専門性の向上と経理部員の育成 ⋯ 212

付録1 企業会計原則（本文）⋯⋯⋯⋯⋯⋯⋯⋯⋯⋯⋯⋯⋯⋯⋯⋯ 214

付録2 経理部専門用語集 ⋯⋯⋯⋯⋯⋯⋯⋯⋯⋯⋯⋯⋯⋯⋯⋯⋯ 222

索引 ⋯⋯⋯⋯⋯⋯⋯⋯⋯⋯⋯⋯⋯⋯⋯⋯⋯⋯⋯⋯⋯⋯⋯⋯⋯⋯⋯ 234

本書は 2024（令和6）年3月1日の法令に基づいています。

第 1 章

経理部の役割と機能

1 会社の経理の役割

◆ 経営管理の役割

　企業会計は、産業構造や経済社会の発展に伴い、その機能を拡大し、制度化、組織化して今日に至っています。経理は、主として会計情報の作成を担う部門です。

　会計情報は、社内や社外の利害関係者の意思決定情報として欠かせないものです。

　会社の経理部は、その会社の規模、経営方針、業種、組織分化の程度などにより、会社によって業務範囲は様々ですが、**どの会社の経理部にも共通するのは、その目的が利益を獲得して、継続して発展していくための「経営管理」にある**ことです。

　大手企業の中には「経理部」と「財務部」を設置し、機能を分けている会社もあります。

　この場合、**内部統制機能**[*]に特化した経営管理機能を経理部が担い、財務部は増資や借入など事業活動に必要な**資金の調達**と、その調達された**資金の運用**を総合的に検討する機能を担うことが多いようです。

　本書では、財務については、通常の経理部の機能に含まれている、狭義での資金管理を経理機能の中に含めて解説しています。

◆ 財務会計＋管理会計＋資金管理

　経営管理を担う経理の基本的な役割は、「財務会計[*]**」と「管理会計**[*]**」及び資金調達や運用等の「資金管理」に分類**することができ、それぞれライン[*]的役割とスタッフ[*]的役割を有しています。

経理の基本的役割

	情報の作成機能 （ライン的役割）	情報の発信機能 （スタッフ的役割）
財務会計	売上計上 仕入計上 帳簿の作成 試算表作成	月次決算 年次決算 連結財務諸表 申告書作成
		会計システム 原価管理 関係会社管理
管理会計	販売管理 利益管理 投融資管理 経営分析	
		業績評価 事業計画 特命事項 プロジェクト管理
資金管理	現金出納 資金繰り 債権管理	資金調達 資金運用

＊内部統制機能：企業が健全で効率的な事業活動を運営していくための仕組みのこと。

＊財務会計：会社の経営状態を外部に報告するために貸借対照表・損益計算書・キャッシュフロー計算書等を作成する会計。

＊管理会計：経営幹部等会社内部の人が予算計画や原価計算のための経営管理に資する資料を作成する会計。

＊ライン：生産や営業など事業活動に直接的に関わる職種。

＊スタッフ：総務・経理・人事など事業活動に間接的に関わる職種。

情報の作成機能と発信機能

◆ 意思決定に有用な情報の作成と発信

　会計は、「財務会計」と「管理会計」に分類されます。財務会計と管理会計の位置づけとその違いは、右図のとおりです。

　「財務会計は、社外への情報公開」であり、「管理会計は、利益を向上させ、継続的に成長していくための社内への情報」になります。

　目的や性格は異なりますが、情報技術の進展や財務会計における情報開示規制の拡大などに伴い、現在の経理機能は、財務会計と管理会計が相互に補完しあう形で発展し、情報システムの中で融合しています。財務会計の目的である「より高度な情報開示機能」を充実させていくことは、管理会計の主題となる「会社の利益が出る仕組みの構築」に欠かせない要件になってきています。財務会計と管理会計は、その均衡を保つ形で発展させていくことが必要になります。

　経理機能は会計業務以外に、資金調達や運用等に関わる「資金管理」の業務を伴います。

　会計及び経理の基本は、最終的には現金と預金の管理につながります。資金に関わる情報は、会計情報の中で重要な意思決定情報を構成しています。

　経理は、会計情報を作成し、その会計情報を書類などの形で部外に発信し、それぞれの部門の業務に有効活用してもらうことで初めて機能を果たすことになります。

　正確で意思決定に有用な情報を作成し発信するには、外部や他部門の実状を認識し、必要とされる情報をよく理解することです。

財務会計と管理会計の比較

	財務会計	管理会計
情報発信先	株主、債権者、諸官庁	経営者及び管理者
目　　的	法律に準拠した財務諸表の作成	意思決定に有効な情報の報告
報告形式	貸借対照表及び損益計算書など	利益計画、部門別損益、粗利分析など
対象期間	半期または事業年度	過去：日次、月次、四半期、半期 未来：1年〜5年

財務会計と管理会計の相互補完の関係

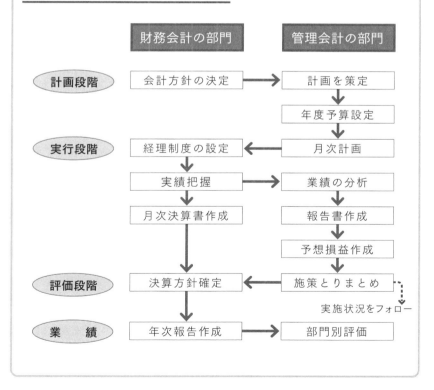

経理部に求められる3つの要件

◆ 情報公開、内部統制、リスク対応

　経理部に求められる要件はいくつもありますが、その中でも特に重視すべきことが以下の3点です。**企業情報を正しく公開することに加え、様々なリスクからの防衛も経理部としての役割**の一部です。

①ディスクロージャーへの対応

　かつての経理部は、取引を正確に記帳し、決算をまとめ上げることに重点が置かれ、情報開示への意識は高くありませんでした。

　しかし、グローバルスタンダードへの対応が余儀なくされてからは、会社法、金融商品取引法、会計基準、税法が頻繁に改正され、開示情報も拡大することになりました。また、国内の会計基準にとどまらず、国際会計基準（IFRS）の連結財務諸表への適用もあります。

②内部統制への対応

　会社法では内部統制の整備の義務化が、そして金融商品取引法では内部統制報告書の作成と外部監査の義務化が規定されています。経理情報を扱う経理部は内部統制の要として、内部監査部門などと協力して全社的な内務統制の整備・運用・評価に関わらなければなりません。

③リスクへの対応

　経理部には全社の情報が集まるため、他の部門よりも全社的なリスク情報を集めやすいといえます。企業を取り巻くリスクは種々雑多であり、リスクへの対応を誤ると企業の存亡に影響します。

　経理部では、経理情報に含まれるリスク情報をモニタリング（監視）し、適時適切に経営者へ情報提供することも重要な役割となります。

経理部3つの要件

1 ディスクロージャーへの対応

- 会社法、金融商品取引法、会計基準、税法の頻繁な改正への迅速な対応

- 年度決算、半期決算、四半期決算に対応するための経理業務の効率化

- IFRSの強制適用への入念な準備（海外子会社と会計処理の統一が必要）

2 内部統制への対応

- 会社法の内務統制の整備

- 金融商品取引法の「内務統制報告書」の作成と監査

3 リスク情報のモニタリング

- 経理情報に含まれるリスク情報のモニタリング

- 経営者へリスク情報の適時の報告

- リスク情報の適時開示

情報公開、内部統制、リスク対応！

情報開示機能（ディスクロージャー）

◆ より広い利害関係者への会社情報の開示

　会社には経営者や従業員の他に、株主などの投資家、銀行などの債権者、取引先、税務当局などの利害関係者が存在するため、経営状況の判断資料として経理情報を必要とします。**これら利害関係者に対し、的確な情報開示を行うのが「情報開示機能（ディスクロージャー）」**です。

　ディスクロージャーを金融商品取引法に基づく投資家への企業内容の開示に限定する場合もありますが、より広く利害関係者への会社情報の開示と考えることが本来的です。

　かつて、経営者は自社の経理情報の開示にはやや消極的でした。しかし、経営環境の変化や利害関係者の拡大に伴い、より積極的に情報を開示し、「経営の透明度を高める」ことが現在の経営の基本です。

　それに伴って経理部は、経理情報を作成し、その企業情報を開示する機能を果たすことが要求されます。これには、過去の経理情報だけでなく、企業戦略など非経理情報や未来志向の情報も含めた情報開示によって企業価値を高めることを目的とした **IR**（Investor Relations＝**投資家向け広報**）などもあります。

　また、金融商品取引法による開示の内容も時価情報や、売上や利益等事業別のセグメント情報など、より広範囲になっています。

　さらに、経理部は資金業務や財務会計を担当するうえで、日常的に金融機関や取引先、あるいは諸官庁や監査法人などの窓口として様々な経理情報を作成し、その開示した情報に対する問い合わせへの対応や、折衝役を果たさなければなりません。

情報開示機能の変化

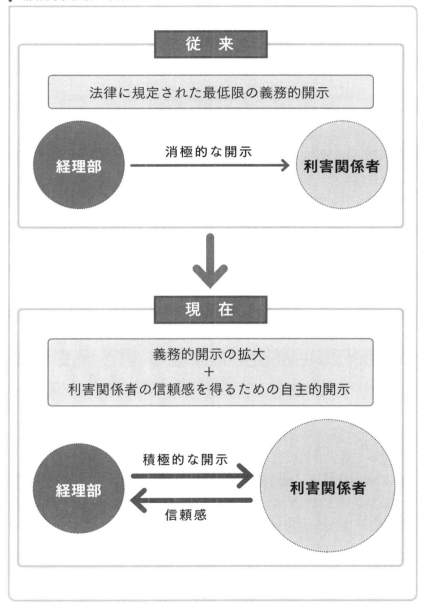

従来

法律に規定された最低限の義務的開示

経理部 —— 消極的な開示 —→ 利害関係者

現在

義務的開示の拡大
＋
利害関係者の信頼感を得るための自主的開示

経理部 —— 積極的な開示 —→ 利害関係者
　　　　←—— 信頼感 ——

5 内部統制機能

◆ 内部統制と経理部の関係

　経理部は、**内部統制**（インターナルコントロール）機能の重要な部分を担っています。**内部統制とは、多様な個人や機能が1つの組織体の中で事業活動を継続していく仕組みや経営管理手法を総称するもの**です。

　経理部が貸借対照表や損益計算書などの**財務諸表**を作成する目的は、企業を全社的観点から計数的に正しく把握して、実績を評価し、経営者や各部門の管理者に今後の経営活動に有効な助言を行うことにあります。**実績を正確に理解してもらい、積極的に対応策を提案するとともに、各執行部門の協力を得ながら経営者を補佐し、内部統制を有効に実行していくことが経理部の業務**になります。

◆ 金融商品取引法と会社法における内部統制

　内部統制の目的は、会社内部の事業を遂行するうえで効率性を高める、法規を遵守する仕組み（コンプライアンス）をつくる、資産の保全を図るなど、主に会社内部の事業活動とその結果を適切に外部に対して公表する財務報告に区分することもできます。

　金融商品取引法（金商法）[*]**では、財務計算に関する書類その他の情報の適正性を確保するための内部統制を「財務報告に係る内部統制」と定義し、経営者は内部統制報告書**[*]**を作成し、内部統制の有効性の評価を行い、監査人がその評価結果が適正であるかを監査することが規定されています。また、会社法**[*]**では、会社の業務の適性を確保するために内部統制の構築を義務づけ**ています。

内部統制の仕組み

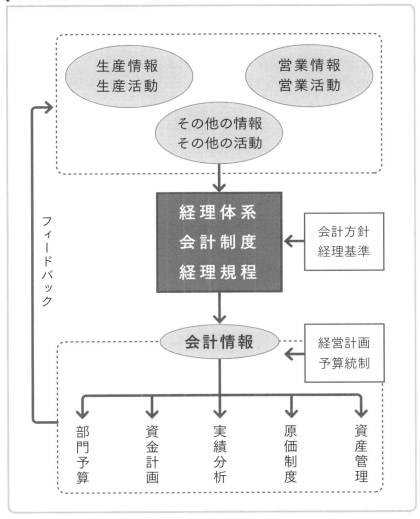

＊金融商品取引法：通称「金商法」といい、有価証券等金融商品の取引の公正を図り、投資家の保護や経済の円滑化を目的とする金融庁所管の法律。かつての「証券取引法」を改正して改題した。

＊内部統制報告書：内部統制が有効に機能していることを外部に開示するために経営者が評価した報告資料。

＊会社法：会社の設立、組織、運営及び管理について定めた法務省所管の法律。

◆「財務報告に係る内部統制」において果たす役割

経理部は金融商品取引法で述べられている「財務報告に係る内部統制」についても重要な役割を担っています。

「財務報告に係る内部統制」は監査基準において、「企業の財産報告の信頼性を確保し、事業経営の有効性と効率性を高め、かつ事業経営に関わる法規の遵守を促すことを目的として企業内部に設けられ、運用される仕組み」と定義されています。

「財務報告に係る内部統制」には、業務フローを分析し、財務報告上のリスクや問題点を抽出し、対応策を検討し、実行することが求められます。経理部門が「財務報告に係る内部統制」機能の中で果たす役割は、以下の3つに分類できます。

①会計制度の確立と運営指針の策定

１）会計方針、経理基準の確立

２）伝票・帳簿などの経理体系の策定・維持・運用

３）人事・総務等の管理部門との交渉、会計制度とのすりあわせ

４）経理規程類の作成・マニュアル化による運営フォロー

②会計制度の運用

１）資産管理（資金、在庫、固定資産、債権・債務）

２）原価制度の運用

３）予算統制・実績分析・要因分析

４）業績評価

③経営計画の策定

１）全社中期経営計画策定

２）全社年度予算編成など

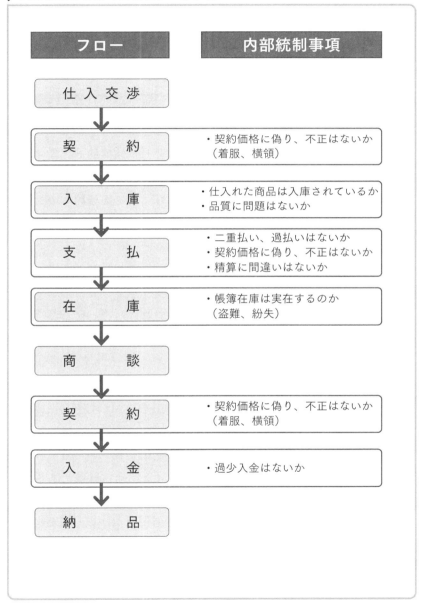

内部統制と日常的に管理すべき事項

フロー	内部統制事項
仕入交渉	
契約	・契約価格に偽り、不正はないか（着服、横領）
入庫	・仕入れた商品は入庫されているか ・品質に問題はないか
支払	・二重払い、過払いはないか ・契約価格に偽り、不正はないか ・精算に間違いはないか
在庫	・帳簿在庫は実在するのか（盗難、紛失）
商談	
契約	・契約価格に偽り、不正はないか（着服、横領）
入金	・過少入金はないか
納品	

管理システム構築機能

◆ 信頼性の高い経理情報の流れの構築

　規模が小さいときは経営者の個人的な能力で会社は運営できますが、規模が大きくなると個人的能力では限界が生じ、組織的に運営することが必要になります。

　管理システムとは、業務を組織的に運営するための仕組みのことです。その目的は、**業務の効率化、不正やミスの防止（チェック機能）、経営情報の信頼性の確保、人的組織の活性化**などがあげられます。

　管理システムには、職務分掌・職務権限、社内規程、予算管理、人事制度など全社的なものと、販売管理、購買管理、在庫管理など業務ごとの個別的なものがありますが、会社の業種、規模、経営環境、戦略などにより、常に自社の状況に合わせて構築し、改良していくことが必要になります。

　経理情報は販売データや仕入データなど、各部門からの情報によって作成されるため、各部門の情報の中に不正やミス、実態とは異なる情報があったりすると正しい経理情報が作成できません。

　経理部が信頼性の高い経理情報を作成し発信するためには、各管理システムが経理的に適正であり、その部門にとっても最善であるような情報の流れを構築する必要があります。

　管理システムは、本来的には経営者や管理者が会社や部門を運営するために必要なものです。

　経理は主にその目的に沿って、関連部門と連携しながら全社的立場で調整し、構築していく機能を担っています。

目的

業務の
効率化

不正や
ミスの防止

経営情報の
信頼性の確保

人的組織の
活性化

手段

**組織の
明確化**

職務分掌…業務を整理し、各部門へ割当

職務権限…各職位の権限と責任を明確化

業務手続…業務を標準化し、
　　　　　　基準と手続きを確立

計画経営

経営計画…経営方針に基づいて、
　　　　　　経営計画を策定

予算制度…短期利益計画に基づいて、
　　　　　　部門別予算を策定

人事制度

人事評価制度…意欲を引き出せる方法

研修制度…知識や技術を向上させる方法

経営戦略の一翼を担う経理部

◆ 環境変化にいち早く対応し、柔軟に変革していく

　会社のすべての活動を数値で表現するのが経理部の仕事です。会社を取り巻く経済や社会環境は年々激変しており、会社はそうした変化に絶えず対応しなければ生き残れません。

　経理部の仕事も法律や制度の改正やテクノロジーの発展などで絶えず変化を迫られています。この流れは加速こそすれ、弱まることはないでしょう。

　昨今、経理部が現実的に対応を余儀されなくされた環境変化は、大きく以下の4つに大別できます。

　①資金調達手段の多様化、国際化などの金融環境の変化
　②社会や経済環境の変化に対応した会計制度の度重なる改正
　③会社法や金融商品取引法、税法などの法律改正
　④テクノロジーの劇的な革新

　激変する環境下において会社が健全に成長していくには、経理部がタイムリーに有効な情報を社内外に提供し、会社経営に貢献することが欠かせません。

　かつての経理部は会社の資産を守るという職務の性格上、保守的な傾向の強い部門でした。

　それが現在では、**激変する環境に対応し、その機能を高度化し、企業の成長発展に寄与する、先進的な部門としての役割**を担っています。経営戦略の一翼を担う経理部ということです。

経理部を取り巻く環境変化

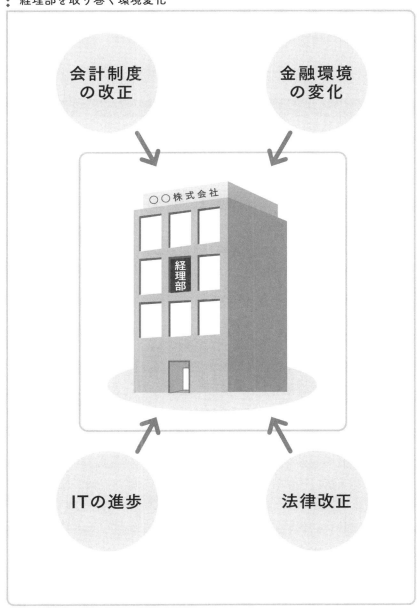

事業再編における役割

◆ 実行チームの一員として参画

　かつての右肩上がりの経済成長下では、売上増の単線的な経営で会社は成長できましたが、現在のように高度成長が望めない状況では、環境の変化に合わせて柔軟に事業や組織を改革して業績向上を図らなければ、会社の成長どころか存続も難しくなってきています。

　このような**企業環境の激変に対応するため、特に事業を継続的に再編成・再構築する事業再編が企業の存続及び成長のカギ**になります。

　事業再編は経営者の意思決定と責任に基づいて行われる戦略的な経営事項ですが、その計画立案と実行では社内管理体制の整備や法律、会計、税務の検討が必要となります。

　それにあたり**経理部は実行チームに参画し、どのような手法を利用するか、会社の業績にどのような効果があるか、資金調達はどのようにするか、社内管理体制をどのように変更していくか、会計や税務の問題はないかなどについて情報を提供し調整をすること**で、**事業再編の実行に貢献**していかなければなりません。

　事業再編には、自社単体やグループ内で行う方法と外部を利用する方法があります。特に自社に足りない機能を外部から補充できる経営手法としての M&A は企業規模にかかわらず、年々増加しています。

　M&A の増加の背景として大企業においては成長戦略の一環としての捉え方がありますが、中小企業においては成長戦略が目的であることのほか、事業承継の問題解決のために M&A を受け入れる経営事情も見逃せません。

事業再編について（定義）

- 「事業再編」とは会社法上の組織再編行為等を交付決定後に行い、新たな事業形態のもとに、新市場進出（新分野展開、業態転換）、事業転換、または業種転換のいずれかを行うことを指す。
- 「事業再編」に該当するためには、組織再編要件、その他の事業再構築要件の2つを満たす（＝事業計画において示す）必要がある。

事業再編の定義

会社法上の組織再編行為（合併、会社分割、株式交換、株式移転、事業譲渡）等を補助事業開始後に行い、新たな事業形態のもとに、新市場進出、事業転換または業種転換のいずれかを行うこと

事業再編に該当するためには（事業計画で示す事項）

①組織再編要件

事業再編に該当するためには、会社法上の組織再編行為[※1]等を行う必要がある。

（※1）合併、会社分割、株式交換、株式移転または事業譲渡を指す。

②その他の事業再構築要件

事業再編に該当するためには、その他の事業再構築のいずれかの類型[※2]の要件を満たす必要がある。

（※2）新市場進出（新分野展開、業態転換）、事業転換または業種転換を指す。

出所：経済産業書中小企業庁『事業再構築指針の手引き（3.0版）』令和5年3月30日

M&A における役割

　M&A とは、合併（Merger）と買収（Acquisition）の略であり、合併、会社分割、事業譲渡、株式取得などの手法を利用して会社や事業の支配権を取得することです。

　合併とは、2つ以上の会社が法的に1つになることをいいます。**会社分割**とは合併とは逆に、1つの会社を2つ以上の事業に分割することです。**事業譲渡**とは、事業を他社に譲渡することです。これらの手法を利用するには、会社法、独占禁止法、金融商品取引法など法律上の手続きを踏まなければならず、税法の取り扱いへの理解も必要です。

　株式取得とは、他の株主からの株式の取得や第三者割当増資を引き受けることによって会社の支配権を獲得することです。**株式交換**とは、2つ以上の会社が100％親子関係を作るために株式を交換することで、株式を交換する点では合併と同じですが、法的に1つにならないことが異なります。株式市場から株式を取得する場合、金融商品取引法で一定の条件を満たすときは、**公開買付**（TOB；Take Over Bid）で株式を取得しなければなりません。

　M&A を行うには、候補企業の調査と評価や法律、会計、税務の検討など専門的なスキルが要求されます。そのため、経理部や社内の人材では対応は困難であることから、社外の専門家の活用が一般的です。

　そこで**M&A の実務では、会計情報を通じて社内事情を詳細に知る経理部は定性情報も余すことなく法律と交渉の専門スキルを有する外部のプロに提供し、意志疎通を密に図る**ことが重要になります。

M＆Aの手法

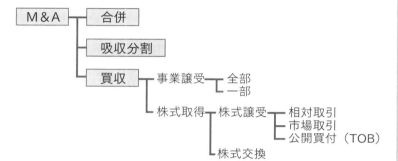

M＆A	合併
	吸収分割
	買収

買収 ┬ 事業譲受 ┬ 全部
│ └ 一部
└ 株式取得 ┬ 株式譲受 ┬ 相対取引
│ ├ 市場取引
│ └ 公開買付（TOB）
└ 株式交換

M&Aの手順と経理部の役割

M&Aの手順	経理部の役割
計画の立案	企業業績の分析、市場の動向や競合他社の状況を把握
実行チームの編成	買収対象の企業に対して、財務指標や評価基準を設定
候補企業の選定	証券会社・投資銀行など専門家と連携し、候補先を選定
候補企業の調査と評価	財務諸表・会計記録・税務情報を詳細に検証
買収先企業との交渉	買取価格の交渉に参加、財務データの提供
買収価格の決定	企業価値評価を算定
買収の実行	資金調達方法を検討、決定
買収後の管理・運営	統合計画の策定、会計処理の標準化、財務システムの統合

10

持株会社における役割

◆ 事業会社の経理業務の支援

　財閥の復活を阻止する目的で独占禁止法により禁止されていた株式を所有して会社を支配することのみを目的とする**純粋持株会社**が1997年に解禁されて以来、持株会社（ホールディングカンパニー）は現在まで年々増加傾向にあります。

　持株会社での経理部の業務は大きく2つです。1つは新規事業参入や撤退などグループ全体に携わる経営戦略のために情報を提供する業務であり、もう1つは傘下の事業会社を支援する業務です。

①経営戦略の策定と実行

　各事業の採算性を判断する情報や法律、会計、税務の知識と経験を持つ経理部がそれらの情報提供の役割を果たすことが求められます。

②事業会社への支援業務

　各事業会社に共通の経理業務の支援を行います。各事業会社では記帳業務や資金業務は共通していることが多く、これらの業務を持株会社の経理部門が支援することで事業会社の業務の効率化を果たします。

　持株会社は事業会社各々の現場に左右されず、グループ全体の戦略や管理を行うことができます。

　また、持株会社は各事業会社を株式で所有する形態であるため、M&Aによるグループ再編が可能です。これにより傘下の事業会社は、自社業に専念でき、業種、雇用形態、組織風土の違いによる軋轢を回避できるメリットがあります。

持株会社の位置づけ

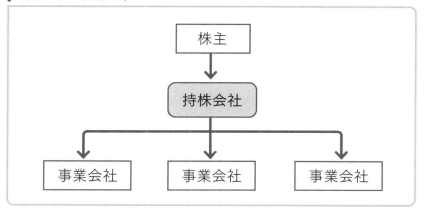

持株会社のメリット・デメリット

メリット

1. 戦略部門と事業部門の分離による経営の効率化

2. 人事労務管理の柔軟化

3. グループ再編の柔軟化

デメリット

1. 会社の一体感がなくなり、求心力が低下

2. 統一的な管理体制の維持が困難

資金調達における役割

◆ 間接金融と直接金融

　会社が資金調達することを「コーポレートファイナンス」といいます。従来、企業の資金調達は銀行借入が中心をなしてきました。**銀行など金融機関からの借入は「間接金融」**といいますが、これは預金者等の資金を金融機関が仲介して貸出を行うからです。

　間接金融は企業の資金調達の主要な方法に変わりありませんが、バブル崩壊後はその機能が低下してきています。

　その背景には、企業の過剰債務と不良債権問題があります。金融機関のリスク回避による貸し渋りや貸し剥がしなどが社会問題にもなり、企業は資金調達の方法を多様化させざるを得ない状況に至りました。

　間接金融に対して、**投資家等の市場の資金を直接呼び込む調達方法が「直接金融」**です。従来より大規模で信用が高い会社は**社債の発行**やコマーシャルペーパー*により無担保で資金調達がされてきました。それが、比較的小規模な会社であっても財務内容が健全等であることを条件に社債の発行が行われています。

　また、**金融債権や不動産を所有する会社は、それらの資産が生み出す将来のキャッシュフローを担保に有価証券を発行する「証券化」という手法を用いて資金を投資家から直接呼び込む方法**もあります。

　現在の資金状況と将来の資金ニーズを予測して、適切な資金調達手段を提案するなど資金調達を行う際に経理は重要な役割を担っています。

: コーポレートファイナンスの変容

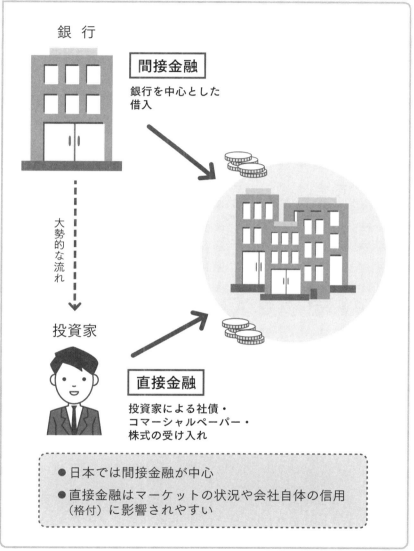

銀行

間接金融

銀行を中心とした
借入

大勢的な流れ

投資家

直接金融

投資家による社債・
コマーシャルペーパー・
株式の受け入れ

- 日本では間接金融が中心
- 直接金融はマーケットの状況や会社自体の信用
（格付）に影響されやすい

＊コマーシャルペーパー（CP）：事業運営資金の調達のために企業が発行する、短期の無担保約
束手形。償還期間は社債が1年以上に対し、CPは1年未満。

国際会計基準（IFRS）への対応

◆ 国際会計基準とは

　経済や商業が国際化し、決算書も世界的に比較可能な共通のルールが必要になり、国際財務報告基準（一般的には国際会計基準）、IFRS（読み方はアイファース、イファース、アイエフアールエスと略されます）が国際的に広く採用されるようになりました。欧州連合域内における上場企業の連結財務諸表には IFRS が強制適用されているので、採用を強制または許容する国が増加しました。ただ、報告用の連結財務諸表とは別に、個別の財務諸表は各国が独自の会計基準で決算書を作成しています。

◆ 国際会計基準の３つの特徴

　国際会計基準の大きな特徴は、第１に**原則主義**ということです。細かなルールは最小限にして原則だけを明確にしています。

　このため、実際の摘要では会社の自主判断が必要になり、なぜそのような会計処理をしたかの説明責任も多くなります。

　第２に過去よりも**将来予測を重視**していることです。「資産負債アプローチ」といって資産負債を取得原価ではなく公正価値で測定・評価することが多くなります。

　第３に**恣意性**（個人で決められること）**を排除**していることです。損益計算書では「包括利益」といって特別損益が廃止されています（特別か否かは人によって判断が異なるためです）。これにより、従来は認められていた経常利益は出てはいるものの特別な損失で赤字になった、という表示はできなくなりました。

IFRS の 3 つの特徴

1 原則主義

- 原則だけを明確に示し、細かなルール（細則）は極力作らない（日本や米国は細かなルールを作成する細則主義）
- 原則主義のもとでは、企業はIFRSの考え方を理解し、適用する会計処理について適切な自主判断と説明責任が重要

2 将来予測を重視

- バランスシート（貸借対照表）を重視する「資産負債アプローチ*」を採用（これとは逆に、現在の日本基準は「収益費用アプローチ*」）
- 取得原価*よりも公正価値*を重視（特に、将来キャッシュフロー*の現在価値を多用）

3 恣意性の排除

- 包括利益*の導入、特別利益*の区分の廃止により、含み資産*を利用した益出しや特別損益を利用した恣意的な処理ができない

*資産負債アプローチ：貸借対照表上の資産と負債の差額から利益を算出する方法。
*収益費用アプローチ：収益や費用の差額から利益を算出する方法。
*取得原価：資産の取得に要した金額。
*公正価値：いわゆる「時価」。
*将来キャッシュフロー：会社が将来にわたって生み出すキャッシュフローの総額。
*包括利益：当期純利益に株式や土地等保有資産の含み損益を織り込んだ利益。
*特別利益：長期保有の株式の売買益や不動産の売却益など、通常の事業活動とは関係のない、その期だけに特別に発生した利益。
*含み資産：取得価額よりも時価が上回っている株式や不動産等の資産。

国際会計基準（IFRS）の内容

◆ キーワードは「コンバージェンス」

日本の多くの会社では日本基準で財務諸表を作成していますが、企業の国際化が進む中で、IFRS に従って報告用の連結財務報告を作成する会社も増えています。

そのような会社では、まず国内基準で個別財務諸表を作成して国際会計基準に準拠した連結財務諸表を作成し開示することになります。個別財務諸表も固定資産の減価償却は定額法を採用するなど、なるべく国際会計基準に準拠するように統一します。

国ごとに異なる会計基準を世界共通の会計基準に近づけ、合わせるプロセスを「コンバージェンス」といいます。

日本でも国際的な比較可能性の向上を図るために、日本の会計基準と国際会計基準の「コンバージェンス」が進められています。リース会計基準や金融商品会計基準、収益認識会計基準などは国際的な比較可能性を重視して適用されている基準です。

このうち、収益認識会計基準は、出荷基準・納品基準・検収基準といったそれまで企業ごとに統一されていなかった収益の認識を IFRS 第 15 号「顧客との取引による収益の認識に関する新しい基準」に適合させ、認識基準が統一されました。

これにより、会社法における大会社や上場会社は強制適用となり、それ以外の企業は任意適用とされています。

日本の会計基準を理解するためにも、経理担当者は国際会計基準の知識を身につけておくとよいでしょう。

会計基準	経理部の役割

国際会計基準

コンバージェンス
- リース会計基準
- 金融商品会計基準
- 収益認識会計基準
- その他の会計基準

国際会計基準で連結財務諸表を作成する会社

国際会計基準に準拠したコンバージェンス後の国内会計基準で会計処理を選択
- 金融商品の評価
- リース会計
- 定額法
- 収益認識

↓

個別財務諸表の作成

↓

国際会計基準で連結財務諸表を作成

国内会計基準

国内会計基準で連結財務諸表を作成する会社

国際会計基準に準拠したコンバージェンス後の国内会計基準で会計処理を選択

↓

個別財務諸表の作成

↓

国内会計基準で連結財務諸表を作成

電子申告と経理部

◆ 納税における必須の業務

電子申告（e-Tax）とは、国税庁が運営するインターネットを利用して、国税の申告・申請・納税を行うオンラインサービスです。過去の申告は紙で出力し、税務署に持参もしくは郵送する方法でしたが、申告書の作成から申告手続きまで、一連の作業を電子的に処理することが一般的になりました。地方税にも同様のサービスである eLTAX（エルタックス）があります。

　具体的な手続きは国税庁や都道府県、市町村に電子申告開始届出書を提出し、電子申告の事前登録を行ったうえで、電子申告データを国税は国税受付システムである LTAX、地方税は eLTAX ポータルセンタに伝送します。申告の際には、本人または税理士が申告書を作成したことを証明するために電子証明書を使って電子署名をします。電子証明書とはインターネット上で本人であることを証明するもので、法人の場合、商業登記認証局が発行するものがあります。

　申告だけでなく、納税手続きも電子納税を選択できます。電子納税とは、金融機関のインターネットバンキングなどネットワークを経由して税金を直接納付する手続きです。電子申告も電子納税も事前に税務署等に届出を行い、利用者識別番号と暗証番号を取得して行います。

　資本金の額または出資金の額が1億円を超える法人には電子申告が義務化されており、必ず対応しなければなりません。

　また、電子申告により申告業務が効率化し、申告書の信頼性も向上しますので、経理にとって電子申告は必須の業務です。

電子申告と電子納税

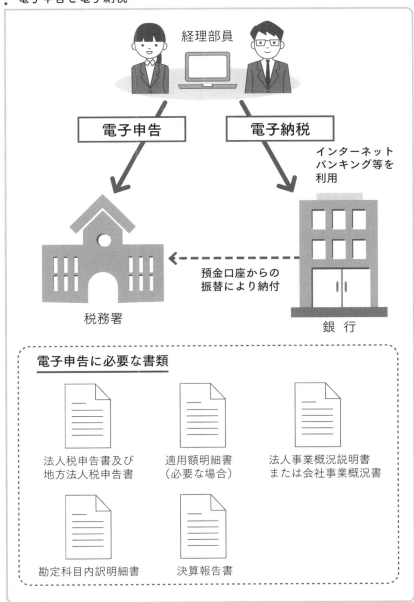

経理部員

電子申告

電子納税

インターネット
バンキング等を
利用

税務署

預金口座からの
振替により納付

銀 行

電子申告に必要な書類

法人税申告書及び
地方法人税申告書

適用額明細書
（必要な場合）

法人事業概況説明書
または会社事業概況書

勘定科目内訳明細書

決算報告書

正確力
事実を検証するための基本力

　経理の仕事での正確力とは、正確な情報を収集して、その情報をもとに作成した会計情報に間違いがなく、事実を検証できる力のことです。経理の正確力を身につけるうえで参考になるのが、巻末付録にも掲載した「**企業会計原則**」です。7つ示された一般原則のうち、特に「1　真実性の原則」と「2　正規の簿記の原則」が重要です。

1　真実性の原則

　これは、財務諸表は嘘や偽りのない事実をもとに作成することであり、粉飾を未然に防ぐための標語でもあります。

2　正規の簿記の原則

　経理業務は記録や計算を正しく行わなければならないということです。それには、注意力や集中力が求められます。

　また、ここでいう正確な情報とは真実性を歪めない情報であり、財務諸表を公開するうえで「投資家の判断に誤りを与えるような間違いは許されない」ことを肝に銘じなくてはなりません。

　この意識に基づいて日々の業務を着実に行うことで、正確力はみるみるうちに身についていきます。

第 **2** 章

経理部の位置づけ

15

社内的位置づけ①
内部統制の要

◆ 経理部における内部統制

経理部には事業活動に関する情報や会社の財産、特にお金に関する情報が次々と入ってきます。

経理部がこれらの情報を整理・加工して、会計データの作成や出納業務を行う一方で、この**情報の正確性を検討したり、他部門との整合性をチェックする**ことから会社の内部統制の要としての機能を持つことになります。

経理部で実施している内部統制には、一例をあげるだけでも商取引に関する各種契約書及び取引条件変更に関するチェック、販売業務に関する売上計上と納品書または値引とその承認のチェック、支払依頼書と請求書のチェック、予算外の支出のチェック、取締役会決議事項や稟議決裁事項に関する事前チェックとフォローアップなど多くのものがあります。

◆ 内部統制の意義

内部統制は、**会社の業務遂行の正確性や効率性の向上に寄与**するものです。なぜなら、他人あるいは他の部門が実施した取引や数値の合計したものを再度別の人がチェックを行うことで、単純な計算ミスを発見したり、社内的な不正を未然に防いだりすることになるからです。

そのため、会社業務遂行上での販売・購買・経費の支払業務等の日常の業務については、担当の経理部員が通常の業務を行うことで内部統制の機能を果たしていることになります。

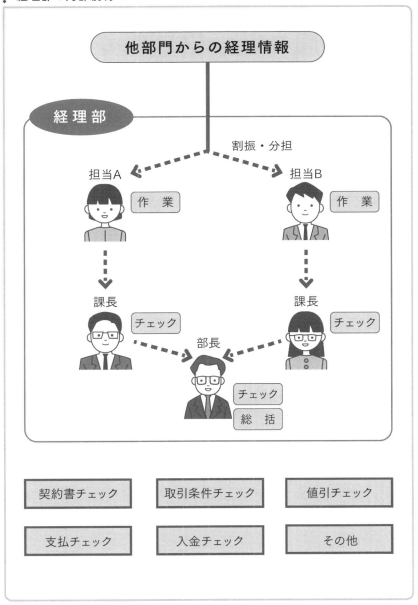

契約書チェック　取引条件チェック　値引チェック

支払チェック　入金チェック　その他

16

社内的位置づけ②
他部門のサービススタッフ

◆ 間接部門としての経理部

　会社の部門は商品やサービスとの関わり具合で**直接部門**と**間接部門**の2つに大別されますが、経理部はその中で次のような役割を果たしています。

　直接部門には、原材料を仕入れる購買部門や切削や加工・組立を行う製造部門、実際に商品を顧客に販売する営業部門、その他商品の研究開発を行う研究部門などがあります。

　もう一方の間接部門とは、製造や販売に関わらないで利益には直接的に貢献しない部門のことです。経理部は、この間接部門に属しています。その他間接部門には総務部、人事部、経営企画部、情報システム部、広報部などがあります。

　経理部は会社の経営に関する活動を数値レベルで捉え、その結果を取りまとめ、会社の現状分析や次の経営戦略を策定する際の判断材料を提供します。つまり、**間接的に利益に貢献**しているといえます。

◆ あらゆる部門と密接な関係を持つ

　さらに、経理部自体はすべての部署と連絡を取り合い、取引のチェックを行っています。法律的な面から問題はないか、経理処理が漏れている取引はないか、承認を得ないで行われている取引はないか、もっと効率的に仕事をするにはどうすればよいのか等、こうしたことについてアドバイスをしたり、相談を受けたりするという意味で**他部門のサービススタッフ的な役割**を果たしているといえます。

経理部のサービススタッフ的役割

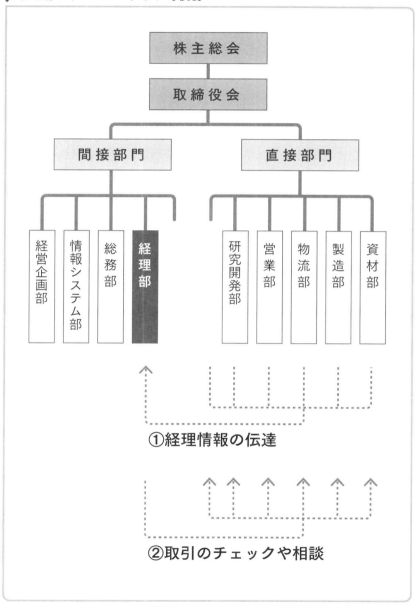

17

社内的位置づけ③
経営情報の発信機能

◆ 経理が発信する 3 つの情報

経理は、経営上で生じたすべての取引を金銭の単位で表します。**売上や仕入など日常的に発生する取引から有価証券や固定資産の購入など例外的にしか発生しない取引まで、すべて分類、整理し、これらの情報を利用する担当者に報告**します。

経理が発信する情報は以下の 3 つに大別されます。

①経理の情報：一定期間内での売上やコスト・利益の情報（全社及び部門別）

②財務の情報：会社の資金繰りの情報、余剰資金の情報

③管理会計の情報：会社が策定している中期経営計画や予算についての情報を経理の情報と照らし合わせることによる設定数値との差異原因の分析

これらの①〜③の情報を利用するのは主として会社のトップマネジメントですが、担当部門の責任者もこの情報について常に関心を持たなければなりません。ただし、この情報は社内の人なら誰でも入手できるものではなく、通常、会社の秘密保持から、それぞれの情報はその情報を見る権限を与えられた特定の人に限られています。

また、これらの情報はトップマネジメントに伝達され、状況が当初の予算どおり実行されているかどうか、資金繰りについて欠如する状況にないかといった具合に現状の分析を行い、意思決定の判断材料にされます。

経理部が発信する情報

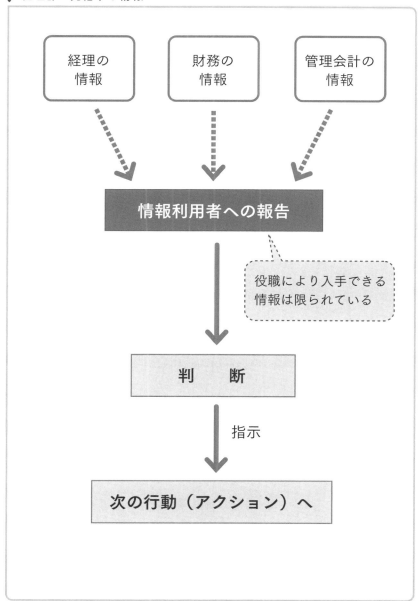

経理の
情報

財務の
情報

管理会計の
情報

情報利用者への報告

役職により入手できる
情報は限られている

判　　断

指示

次の行動（アクション）へ

18

社外的位置づけ①
金融機関への対応

◆ 資金調達の折衝

　会社は**預金**や**借入金**を通して、銀行などの金融機関との取引があります。会社にとって金融機関との取引は不可欠です。特に中小企業では、資金調達手段が多様化しているとはいえ、外部投資家からの資金調達を行う機会が少なく、金融機関からの借入が資金調達の大部分を占めていることが多いといえます。

　そのため、金融機関と良好な関係を継続することが会社の存続と発展のために重要であり、**資金業務を担当する経理部は金融機関に対して会社側の窓口として、資金調達の折衝を行う責務**を果たさなければなりません。

◆ 銀行による自社の格付けの把握とその対応

　ところで、金融機関は貸出などの債権が戻ってくるか否かを債務者ごとに厳密に把握しています。

　具体的には、**貸出先を正常先、要注意先、破綻懸念先、実質破綻先、破綻先に分類し、その格付けによって融資の選別や金利を管理**しているのです。

　経理部では、自社の格付けなど金融機関が自社をどのように評価しているかを把握し、問題がある場合は改善策や改善計画を提示して説明することが必要となります。

　さらに、経理部だけでなく、経営者自ら金融機関に説明することによって金融機関との信頼関係を作ることも大切です。

金融機関による債務者（借入先）の区分と債権分類

債務者区分	優良担保等	一般担保等		担保なし
		担保保全	担保割れ	
正常先	I	I	I	I
要注意先	I	I	I	I
	I	II	II	II
破綻懸念先	I	II	III	III
実質破綻先	I	II	III	IV
破綻先				

債権分類
I（第1分類：正常債権）、II（第2分類：注意債権）、
III（第3分類：懸念債権）、IV（第4分類：回収不能債権）

対応策

①自社の格付けの把握

金融機関が自社をどのように評価しているか、自社の格付けはどうか、自社の問題点は何かなど自社の現状を把握する。

②自社の問題点に対する改善策の検討

自社の問題点について、その改善策や改善計画を策定、その実行経過を報告する。特に、キャッシュフローと自己資本比率の改善を図る。

③経営者による説明

経理部の担当者だけでなく、経営者自ら決算内容や事業計画を説明し、金融機関との信頼関係を作る。

19

社外的位置づけ②
投資家へのディスクローズ

◆ 経理情報等企業情報のディスクローズ責任

コーポレートガバナンスにより、会社はその投資家に対して定期的な開示（ディスクローズ）が義務づけられています。投資家とは一般的には株主をいいますが、取引先、融資先、従業員などの利害関係者（ステークホルダー）も含まれることもあります。そして、ディスクローズの方法には大きく以下の3つがあります。

①会社法に基づくディスクローズ

会社法はすべての会社を対象としますが、会社の種類によってディスクローズ方法は異なります。会計監査人設置会社*であるか、上場会社であるかに応じて、投資家（ここでは株主）に対し、**計算書類**（貸借対照表、損益計算書、株主資本等変動計算書、個別注記表）、**事業報告**、**附属明細書**のディスクローズが要求されます。

②金融商品取引法に基づくディスクローズ

上場会社は、金融商品取引法により、投資家に対し経営情報をディスクローズして投資判断に役立てるとともに、投資家の自己責任で判断するというルールで運営されています。上場会社がディスクローズする資料には、**有価証券届出書**、**有価証券報告書**、**半期報告書**、**臨時報告書**があります。これらは金融庁が運営する EDINET* で開示されるため、誰でも閲覧可能です。

③自発的なディスクローズ

上記の法定の情報に加え、**非経理情報や未来情報などを IR**（投資家向け広報）**として自社ホームページにて開示**するのが一般的です。

⋮ ディスクローズする情報

上場会社 ▪▪▪▪▪▪▶ 株主・投資家

法的な開示

計算書類・事業報告の送付
附属明細書の閲覧
有価証券報告書（EDINET）

自主的な開示

IR（投資家向け広報）

非上場会社 ▪▪▪▪▪▪▪▪▪▪▶ 株　　主

計算書類・事業報告の送付
附属明細書の閲覧
上場会社に比べ、簡略的な内容

＊会計監査人設置会社：資本金が5億円以上または負債が200億円以上の大会社や会社法での
　規定等により会計監査人（公認会計士）の設置が義務づけられた株式会社。
＊ EDINET：Electronic Disclosure for Investors' Network の略称で、「金融商品取引法に基づく
　有価証券報告書等の開示書類に関する電子開示システム」のこと。

20

社外的位置づけ③
取引先への対応

◆ 債権債務の確認

　多くの会社では、営業に伴って得意先に対する**売掛債権**と仕入先に対する**買掛債務**が発生します。経理部はこれらの得意先や仕入先などの取引先との対応も必要になります。

　営業部門では、売上は重視するものの、その回収についてはなおざりにしていることがあります。売上計上されても売掛金が回収されなければ、会社に損害をもたらすことになります。そうならないために、**経理部では営業部とは別に得意先の与信管理や未回収の滞留債権を管理し、営業部に回収の催促をしたり、得意先に対し債権の保全手続きをすることにより、会社の財産を守る役割**を果たします。

　一方、**買掛債務**では仕入先からの請求書どおりの支払いをしている会社がありますが、**少額の経費を除き、請求書どおりではなく自社の経理規程による仕入データによって支払うことが重要**です。

　通常、自社の仕入データと仕入先の請求書とはタイミングのずれが生じ、請求書ベースで支払うと過払いとなる恐れがあるからです。この場合、仕入先から支払明細が要求されますが、自社の仕入データが正しくないと仕入先とのトラブルになるので、自社の仕入データが仕入基準に基づいて正確に作成されていることを確認しておきます。

　販売及び購買は反復継続的に行われるので、得意先や仕入先との計上の差異が生じてくることがあります。少なくとも年1回程度は取引先に対し経理部が封書やメール等で債権債務の確認を行い、差異の原因を調査して適切な措置を講じなくてはなりません。

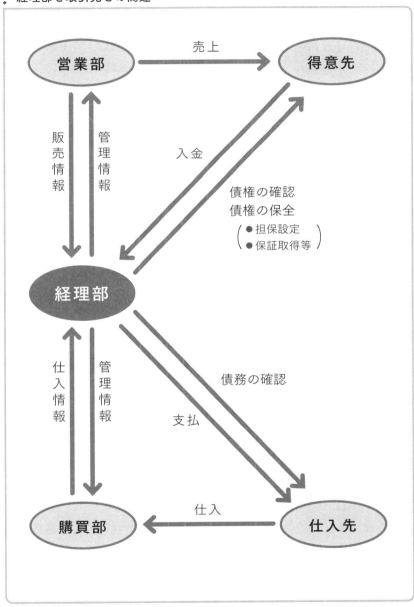

21

社外的位置づけ④
税務調査、会計監査への対応

◆ 税務調査への立会い

　会社は**毎決算期末から2カ月以内**（申告期限の延長をしている場合は3カ月以内）**に、法人税及び住民税の確定申告**をしなければなりません。確定申告は株主総会の承認を得て確定した決算に基づいて行います。

　法人税や消費税は申告納税制度を採用しています。申告納税制度とは納税者が自ら申告書を作成し、税金を納付する制度です。多くの会社では税理士の助言を受けて経理部が申告書を作成しています。

　自主的になされた申告については税務当局による申告の適否の**税務調査**が行われます。**税務調査に立ち会うのも経理部の職務**です。法人税の調査では同時に消費税の調査も行われます。

◆ 会計監査への立会い

　上場会社など金融商品取引法でディスクローズしなければならない会社は金融商品取引法の規定に従って、そして会社法上の**大会社**（資本金5億円以上または負債総額200億円以上の株式会社）は会社法の規定に従って、監査法人または公認会計士の**会計監査**を受けます。また、監査役や監査役会を設置している株式会社では監査役の会計監査、指名委員会等設置会社＊では**監査委員会**の監査を受けます。これらの監査は法律で義務づけられているので**法定監査**といいます。その他、経営者が任意に外部の専門家と契約して行う**任意監査**もあります。

　会計監査は経理情報を中心にして行われるので、**経理部は会計監査に立ち会い、質問や資料の要求に対応**していかなければなりません。

税務調査と会計監査の特徴

	税 務 調 査	会 計 監 査
目的	税務申告の適法性の調査	財務諸表の適法性、適正性の証明
実施者	税務署または国税局	監査法人または公認会計士
実施時期	随時	定期
確認ポイント	利益の過少計上（過少申告）	利益の過大計上（粉飾決算）
実施対象	資料箋*や取引の相手方への反面調査*による外部証拠資料が中心	帳簿や証憑など内部資料が中心
結果の反映	申告是認、修正申告、更正、決定	監査報告書へ記載
違反時の経営への影響	資金の流出、信用の失墜	上場会社では上場廃止の可能性あり

＊指名委員会等設置会社：指名委員会・監査委員会・報酬委員会の３つの委員会により経営管理する取締役と、業務執行する執行役を分離した株式会社。

＊資料箋：適正・公平な課税のために法人及び個人事業者が税務署に提出する売上・仕入・費用等に関する資料。

＊反面調査：税務調査の対象者本人ではなく、その取引先などに行う税務調査。

説明力
誰もが理解できる会計数字の伝達

　説明力は、説得力とも言い換えできます。経理の説明力とは、第1に会計情報を利用者に「よくわかるように」提供できる能力であり、第2に適切な会計情報を作成するために各部門から必要な情報を収集する際に、関係者に「よくわかるように」説明して協力を得る能力のことです。

　これは組織における経理部員としての基本スキルですが、財務会計と管理会計とでは焦点の当て方に若干の違いがあります。

　財務会計での説明力の根底には、会計処理の基準や法律に忠実にあることが求められます。財務会計の仕事はコンプライアンス（法令遵守）が何よりも大切だからです。

　一方で管理会計の説明力の場合、意思決定情報として具体的でわかりやすいことであることが重視されます。例えば、広告宣伝費は財務会計では前年比何％の増減かといった分析になりますが、管理会計では具体的な使途内容とその広告でどのくらい売上が増えたかという事業経営への影響についての説明が必要になります。

第 **3** 章

経理部の年間
基本スケジュールと
基本業務

経理部年間カレンダー

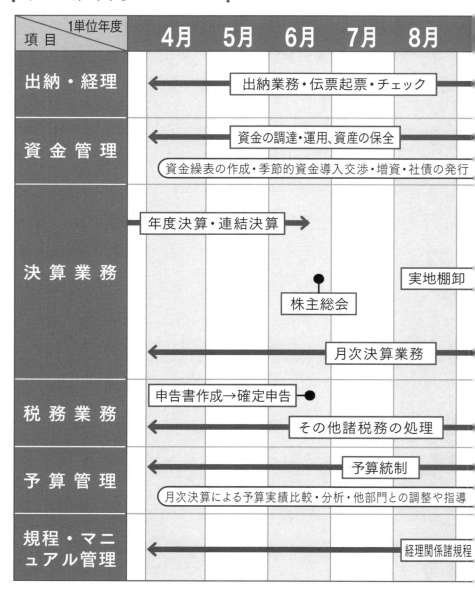

項目 / 1単位年度	4月	5月	6月	7月	8月
出納・経理	← 出納業務・伝票起票・チェック →				
資金管理	← 資金の調達・運用、資産の保全 →				
	資金繰表の作成・季節的資金導入交渉・増資・社債の発行				
決算業務	年度決算・連結決算 →				
			● 株主総会		実地棚卸
	← 月次決算業務 →				
税務業務	申告書作成→確定申告 ●				
	← その他諸税務の処理 →				
予算管理	← 予算統制 →				
	月次決算による予算実績比較・分析・他部門との調整や指導				
規程・マニュアル管理	← 経理関係諸規程				

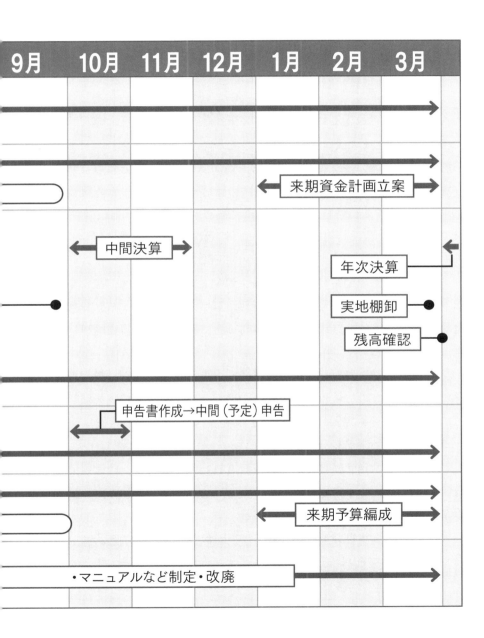

9月	10月	11月	12月	1月	2月	3月

来期資金計画立案

中間決算

年次決算

実地棚卸

残高確認

申告書作成→中間（予定）申告

来期予算編成

・マニュアルなど制定・改廃

22

毎日の作業①
仕訳伝票の作成

◆ 複式簿記による取引の仕訳

　会社内で発生した取引は、経理にデータが集められ、集計されて各部門や会社全体での財政状態や経営成績が把握されることになります。

　この集計の方法としては**複式簿記***の仕組みを使い、取引の最低単位である**仕訳***を伝票に書き込み、この伝票に記載される**勘定**を積み上げます。勘定とは、会社の**資産・負債・資本・収益・費用**をより詳細に分類したものをいい、その分類項目を**勘定科目**といいます。

　例えば、資産の勘定科目には**現金**、**預金**、**売掛金**、**商品**、**建物**などがあり、負債の勘定科目には**支払手形**、**買掛金**、**借入金**、**未払費用**などがあります。伝票起票時に勘定科目のミスがあると決算書類の作成にまで影響するので、慎重さと厳しいチェックが必要です。

　この伝票に書かれた仕訳はあくまでも各取引を発生日別、項目別に表しただけのものですから、次にこの分類した各要素を整理・整頓するために仕訳を勘定科目別に**総勘定元帳***に書き写していきます（これを**転記**といいます）。

　つまり、**総勘定元帳は勘定別に集計された帳簿のため、総勘定元帳を見れば、特定の勘定の動きがわかる**ことになります。総勘定元帳は決算で整理され、最終的な残高が会社の決算書類に反映されます。

　また、会社は**総勘定元帳を最低10年間保存**しておくことが会社法で義務づけられています。なお、経理書類の保存期間は法人税法と会社法では異なります。会社法は契約上の取引の安全性を重視して10年、法人税法は適正な課税のために7年とされています。

仕訳伝票の例

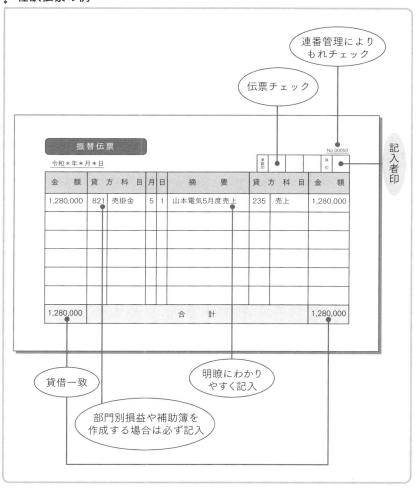

連番管理により
もれチェック

伝票チェック

記入者印

振 替 伝 票								No.00050	
令和＊年＊月＊日					承認印			係印	
金　　額	貸方科目	月	日	摘　　要	貸方科目	金　　額
1,280,000	821	売掛金	5	1	山本電気5月度売上	235	売上	1,280,000
1,280,000			合　　計				1,280,000

貸借一致

明瞭にわかり
やすく記入

部門別損益や補助簿を
作成する場合は必ず記入

＊複式簿記：取引を原因と結果という2つの面に着目し、借方（資産と費用の増加）と貸方（資産と費用の減少）に分けて記録・集計する記帳法。例えば、交通費200円を払った（原因）ことで、現金が200円減った（結果）という事実は、複式簿記では借方に「旅費交通費200円」、貸方に「現金200円」と記録する。

＊仕訳：複式簿記において取引を借方と貸方の勘定科目に分けて記帳すること。

＊総勘定元帳：すべての取引を勘定科目ごとに分類して記帳した帳簿であり、決算書類を作成する元となる。

23

毎日の作業②
仕訳伝票の入力と勘定の把握

◆ 重要な勘定科目には補助簿を設ける

　仕訳伝票により総勘定元帳へ転記するといっても、毎日膨大な数の取引を行う会社では、その作業だけで大変です。

　しかしながら、パソコンを使っての仕訳伝票の入力では総勘定元帳に自動的に転記をしてくれる仕組みになっているので、かつての手作業時代と比べて作業的にはずいぶんと楽になっています。特に、市販されている会計ソフトも様々な機能が付加されており、取引の情報を入力すれば自動的に仕訳してくれるので、簿記的な知識があまりなくても、ガイダンスに従えば伝票作成が簡単に出来上がるようになっています。したがって、転記作業よりも正確な仕訳伝票の作成や入力金額のチェックに重点がおかれることになります。

　また、重要な勘定科目については、相手先ごとに残高を把握できる**補助簿***を設ける必要があります。どの勘定科目について補助簿を設けるかは会社により異なりますが、通常は**売掛金や買掛金、固定資産など取引残高の多いものについて補助簿を作成していることが多い**といえます。相手先ごとにコードを設定し、入力作業は煩雑ですが、支払先についてはすべてマスター登録し、相手先の不明な支出がないように工夫をします。そうしておくことで期末に税務申告書を作成したり、会計監査を受けたりする都合上、だいぶ作業が軽減できます。

　一般に売掛金に関する補助簿は**得意先元帳**、買掛金に関する補助簿は**仕入先元帳**と呼ばれており、請求書を作成する際の資料や、買掛金の残高を把握したりする資料となっています。

伝票の入力と出力の関係

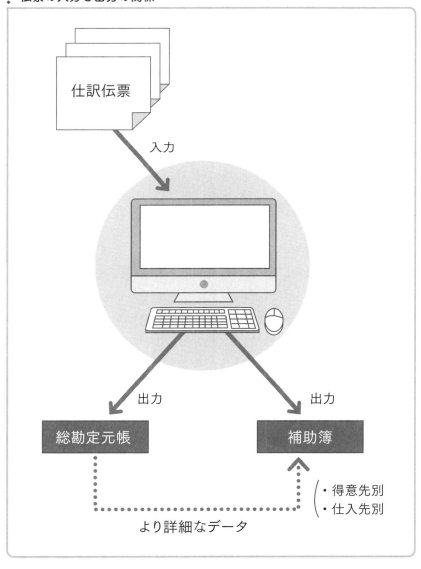

＊補助簿：会計帳簿のうち、総勘定元帳と仕訳帳という主要簿を補助する帳簿であり、売掛金や買掛金等経営上特に重要な勘定科目の内訳がわかるようにしたもの。

24

月間の作業①
帳簿の締切に付随する業務

◆ 顧客への請求業務と取引先への支払業務

　1カ月単位で行う経理の仕事にはまずは**帳簿の締切作業**があります。一般の会社では支払や請求書の作成を月単位で行う（得意先からの入金や仕入先への支払、給与の支払は通常月1回）ため、帳簿を1カ月で区切ってこれを締め切り、その月の合計と残高を出します。締日は**末日締**や**20日締**のように会社により決まっています。

　帳簿を締める期日が近づくと、取引先ごとに1カ月分の納品書を集計し、請求書を作成します。得意先もこの請求書に基づいて、先方の末日締や20日締というタイミングに合わせて入金してくるため、この業務が遅れると会社の資金繰りにも影響を及ぼすことになります。そのため、期限厳守は絶対的なものとなっています。

　通常、1カ月分をまとめて支払う**掛け売上**の取引が一般的であり、経理部では得意先の締め日に間に合うように請求書を発送することになります。

　取引先への支払は、締め日後おおよそ1カ月後に行います。「末日締翌25日払い」とか「末日締翌末日払い」といわれるように1カ月に1回支払日が決まっています（場合によっては2回のところもあります）。

　支払方法は取引先との条件にもよりますが、一般的に銀行振込、支払手形、小切手によるものがあります（なお、紙の手形・小切手は2026年度末までに廃止され、代わって電子化の方向で政府主導で検討されています）。銀行振込は、経理業務の効率化等の利便性から**法人向けインターネットバンキング**による方法が多く用いられています。

基本 1 　帳簿の締切作業

- 1カ月単位で請求書の作成や支払を行う

　　→ 「末日締」「20日締」など会社ごとに
　　　決まっている

基本 2 　請求書の発行

- 取引先ごとに作成し、発送
- 取引先の締め日（末日、20日など）に
  必ず間に合わせる

　　▶請求書の発行は営業部で行う会社もある

基本 3 　支払業務

- 取引先への支払 締め日1カ月以内

　　　　↓
　「末日締翌25日払い」「末日締翌末日払い」など

- 支払方法 銀行振込、支払手形、小切手など

　　　↓
　法人向けインターネットバンキングが一般的

第3章

経理部の年間基本スケジュールと基本業務

25

月間の作業②
月次決算に付随する業務

◆ 決算決算書と資金繰り計画表の作成

　1カ月の経営活動がどのようになされたのかを知るため、またその結果を分析し今後の経営に役立てるために、月次決算の確定をし、**月次決算書**を作成しなければなりません。

　そのために、まずは**月次試算表**を作成します。**月次試算表は総勘定元帳に記載される勘定残高を集計して作成**します。作成にあたっては仕訳伝票が漏れなく記入されているか、支払漏れがないか、入金漏れがないかを必ずチェックします。

　また、**内部統制の意味からも、月次で現金や預金の残高のチェックをすることは有効**です。月次試算表は勘定科目単位で適宜組み替えられ、月次決算書の利用者であるトップマネジメントがより理解しやすいように加工されます。

　経理部としては、月次決算書の作成が終着点ではありません。**月次決算書の結果はもとより、勘定科目ごとの残高の推移や前年同月の数値から分析し、翌月以降の経営活動に活用することがより重要**であり、経理部にはそのような機能が期待されています。

　また、帳簿を締めれば翌月の支払や給与の支払額が確定できます。

　一方、「掛け」で販売していた債権についても資金化がはかれるので、これらの情報に賞与支給や納税などの情報を組み合わせれば、毎月の資金の推移がわかる**資金繰計画表**が作成できます。次月の資金収支を予測して資金繰りに余裕がないことが事前にわかれば、早めに資金手当てを打つことができるため、そのメリットは大きいといえます。

基本 4　月次決算の確定作業

- **月次試算表をもとに月次決算書を作成**

- **部門別・製品別に集計**
  現状分析から次の行動へ

基本 5　資金繰計画表の作成

- **入金の予定表**
  相手先毎に入金日が異なることに留意

- **支払の予定表**
  一般定時払い＋季節的な支払（納税・賞与）

作業は
正確に
行う！

26

経理の仕事の3つの目的

◆ 財務会計、資金管理、管理会計

　経理の仕事と一口に言っても、その内容は多岐にわたります。経理部の実務者は自分の範囲の仕事を効率よく処理していかないと決められた期間内に業務がこなせなくなるのは言うまでもありません。そのため、業務の進行に計画性が求められます。

　ところで、経理の仕事は、目的により大きく以下の3つに分類できます。

　　①実績を数値化し現状を把握する……　財務会計
　　②資金の流れを管理する……　資金管理
　　③会社の将来の方向性を考える……　管理会計

　この3つが経理部の基本的な仕事といえますが、この業務を誰が行うかについては会社の規模によりバラツキがあります。

　通常、規模の大きな会社では、経理部に限らずどの部署でも扱う仕事が専門化されていて、特定の業務について深い知識が要求されます。

　特に大規模な上場会社の多くは、①から③の仕事についてそれぞれ専門部署を設けて対応しています。

　一方、小規模な会社の場合、十分な人員を割くことができないことにより、1人の業務範囲が広くなり、経理全般に関して幅広い知識と実務経験が要求されることになります。

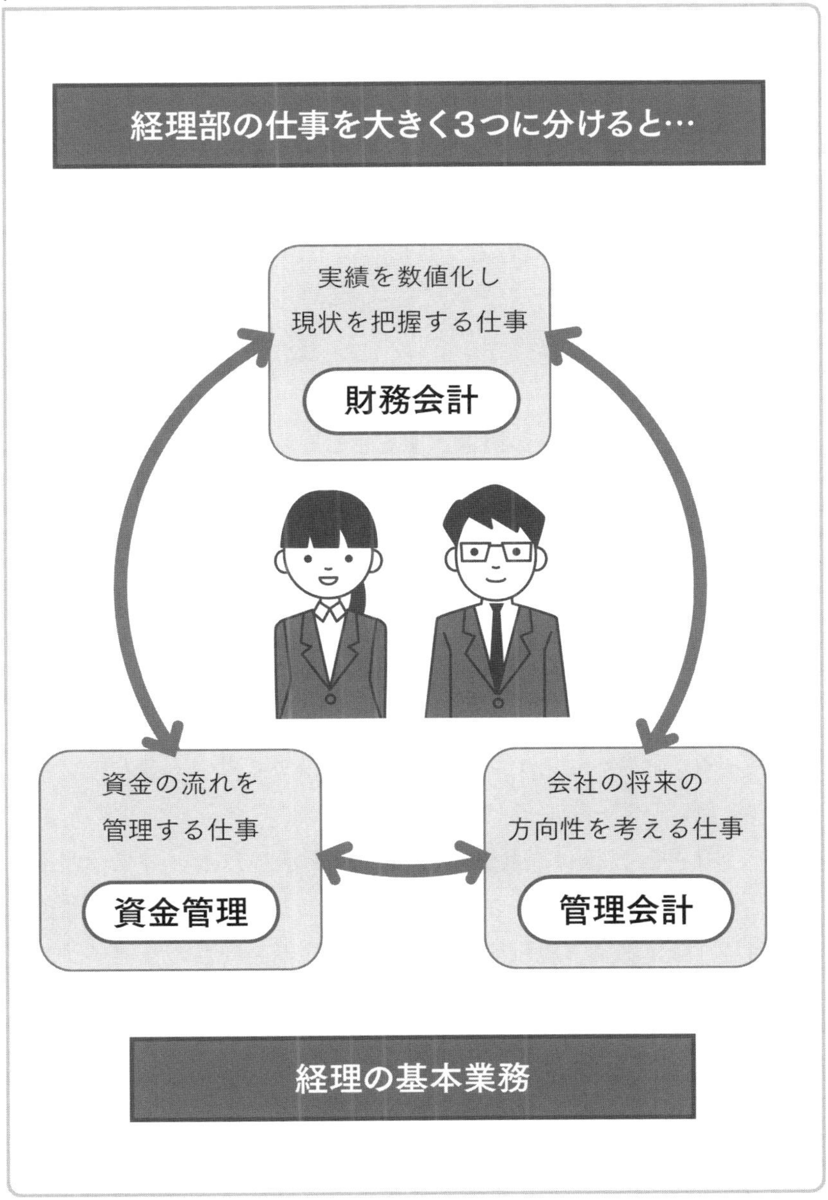

経理部の仕事を大きく3つに分けると…

実績を数値化し
現状を把握する仕事

財務会計

資金の流れを
管理する仕事

資金管理

会社の将来の
方向性を考える仕事

管理会計

経理の基本業務

27

財務会計の基本

◆ 実績を数値化し現状を把握する

　財務会計は、各部門の活動結果により、仕訳伝票を作成・入力して、月次決算書をまとめあげることが基本業務です。購買・製造・販売など一連の取引の流れのすべてを数値化し、**貸借対照表**や**損益計算書**としてまとめます。

　貸借対照表とは、会社の財政状態を示したものです。会社がどこからいくらお金を調達して何にいくら使ったかを一覧表形式で表します。右図では、左側は資産状態を示しています。**資産**とは、現金、売上債権、有価証券、不動産など会社の財産となるものです。

　また、これら資産を取得するためにどこから資金を調達したかを示したものが右側で、**負債**と**純資産**の2つに分かれます。負債とは他人から借りたお金、純資産は株主により払い込まれたお金や企業活動により得られたお金のことです。そして、貸借対照表の資産と純資産＋負債の金額は必ず一致しなければなりません。

　一方、**損益計算書は、会社の経営成績を示したもの**です。今期1年間にどれだけ利益が出たのかを表します。利益には、**売上総利益**、**営業利益**、**経常利益**、**税引前当期純利益**、**当期純利益**の5種類があります。そのうち、よく取り上げられるのが経常利益と当期純利益です。

　経常利益は、本来の営業活動から生まれた利益に預金や借入金の利息などの金融取引などによって生じた利益を加えたもので、会社の収益力を示します。当期純利益は1年間の事業活動で得られた利益からすべての経費と税金を引いた利益のことです。

貸借対照表→財政状態を表す

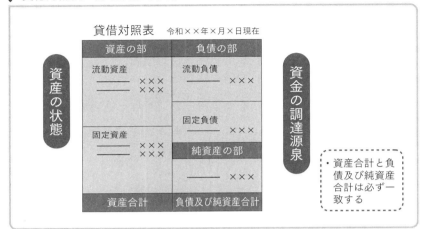

損益計算書→経営成績を表す

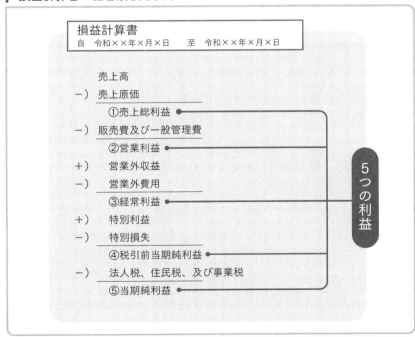

28

資金管理の基本

◆ 資金の流れを管理する

会社の経営を円滑に行うためには、資金が正常に循環していることが基本条件です。損益計算書の当期利益が黒字になっていても会社に資金があるとは限りません。例えば、売上が入金されずに売掛金のまま回収できていなかったり、儲けたお金が土地や建物など設備投資に回り、手元にはないかもしれません。資金が滞って支払を延期すると信用が低下し、その後の経営活動に支障をきたすため、より慎重な資金の管理が必要になります。

経営活動のカギとなる資金の管理は大きく分けて２つあります。

１つは、**通常の営業活動に伴うもの**です。小口の**現金・預金の出納**をはじめ、販売に関する**売上債権の入金管理**、購買・外注に関する**仕入債務の支払管理**などです。購買の債務については支払期日の管理があります。その他、人件費の支払や販売活動費、税金の支払も含まれます。

もう１つは、**資金調達（ファイナンス）に関するもの**です。入金サイトと支払サイトに著しく期間がある場合や、自己資本が潤沢にある会社を除き、企業は通常、運転資金や設備投資資金を賄うため、外部から資金の調達を行います。資金調達には**金融機関からの借入**、**社債の発行**、**資産の売却**などいくつか方法がありますが、日本においては銀行からの借入が一般的だといえます。

経理担当者は、以上の２つの資金管理を統合して会社経営に支障が出ないように調整を行います。

営業活動に伴う資金管理

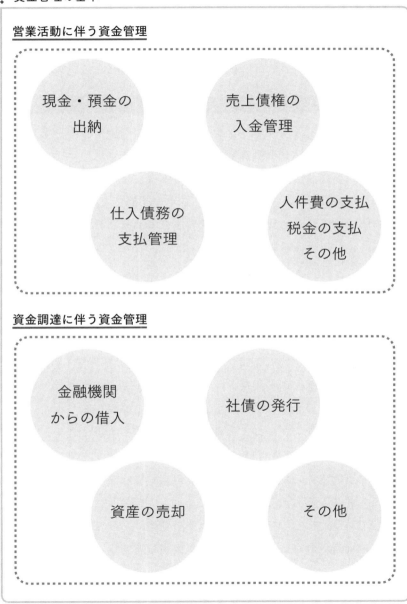

資金調達に伴う資金管理

29 管理会計の基本

◆ 会社の将来の方向性を考える

管理会計は、トップマネジメントが中心となり経営計画を策定する際に、その意思決定に必要な経理情報となります。

経営陣は管理会計による経理情報をもとに、技術の加速度的進捗、消費市場の変化、企業活動の多様化、競争の国際化と競争構造の変化・激化などの諸変化を考慮しながら次の手立てを考えます。

今後10年、あるいは10年単位の計画策定ができればそれにこしたことはありませんが、環境変化が著しく起こる中ではそのような長期経営計画の策定は実際のところ非現実的です。

そのため、通常は3年とか5年程度の**中期経営計画**の策定が行われます。

将来動向の見極めとしては、既存営業品目の需要予測、新規分野・未開拓地域への進出の可能性、マクロ的経済予測、規模拡大と管理機能のバランス、資金的な裏付けなどを勘案する必要があります。

その際、経理部としては、損益に与える影響や税金に与える影響並びにファイナンス（資金の調達及び運用）をどのタイミングで、どのような手段を選択するのが適当かについての判断材料を提供します。

ここで注意しなければならないことは、「実現可能性」が高いということであり、机上の空論では意味がありません。

実際の経営計画は経営企画室などが策定しますが、その裏付けには、①計画策定の前提、②目標値の設定、③目標達成のための活動方針、などが織り込まれていないといけません。

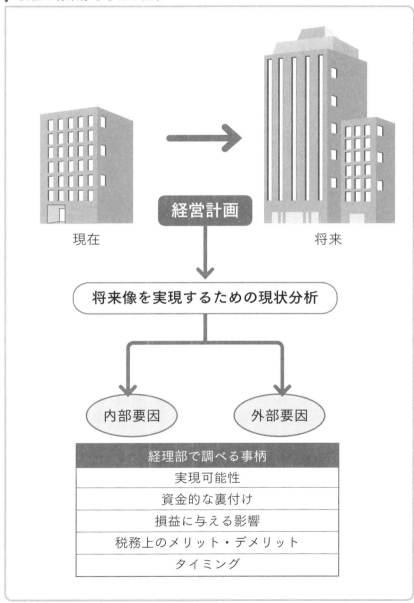

抑止力
不正や誤りを未然防止するスキル

　抑止力とは、「現在起きている不都合な行為を抑えて止める力」や「これから起きかねない不正や誤りを未然に防ぐ力」のことです。

　つまり、経理部員に求められる抑止力とは、不正や誤りのタネを早期に発見して止めさせたり、そうした不合理なことを未然防止する力ということになります。

　このスキルも日々の業務を通じて磨いていきます。現場からの取引情報に間違いがないことを確認する習慣や不正な経費精算がないかに注意を払う習慣のほか、例えば固定資産を購入したときにその資産を直接確認するなど日常業務を手抜かりなく行う習慣を励行することで内部統制の感覚が研ぎ澄まされていきます。

　内部統制の意識が強化されることで、抑止力も組織内の文化として定着していきます。

第 **4** 章

財務会計の基本と実務

財務会計に関する必須知識の理解

◆ 複式簿記

　経理部の業務知識の中心は、何といっても複式簿記です。複式簿記は万国共通の会計の技術であり、この技術がなければ現在の経済活動は成り立たないと言っても過言ではありません。

◆ 経理の３大法務知識

　ところで、経理に関する法律の主なものには、「会社法」「金融商品取引法」「法人税法」の３つがあります。これら３つの法律に基づいて行われる会計を財務会計といい、財務会計が日本において「企業会計のトライアングル体制」といわれているのはこのためです。

　そして、これらの法律は第7章で説明するようにそれぞれ目的が異なっているため、経理部員はまずこれら３つの財務会計に関する法律の内容とその目的の理解が必要です。

◆ 企業会計原則

　また、法律と同等に経理部員が理解しておかなければならないことに後述する企業会計原則（182, 214 ページ参照）があります。

◆ その他経理関係知識とITリテラシー

　さらに、経理周辺知識として、銀行取引、有価証券、不動産、社会保険など経理に関する部分の一般常識のほか、経理の DX 化に付随するコンピュータ利用など IT リテラシーも重要です。

1 複式簿記

2 会社法・金融商品取引法・法人税法
➡企業会計のトライアングル体制

3 銀行取引・有価証券・不動産・
社会保険などの一般常識

4 ITリテラシー

財務会計の最低限
の業務知識を身に
つけよう！

31

簿記の基本

◆ 取引を仕訳する

　複式簿記とは、証憑に基づいて、取引を仕訳→仕訳を元帳に転記→元帳から試算表を作成→試算表から貸借対照表と損益計算書を作成する一連の手続きのことです。その基本は取引を仕訳することにあり、仕訳が間違っていると正しい決算書は作成できません。

　仕訳とは、記録すべき取引を借方と貸方（左と右）に分けることです。すなわち、取引を「**資産**」「**負債**」「**資本**」の３つに区分することです。なお、簿記で言う「資本」は、貸借対照表では「純資産」と言い表します。

　100万円を借り入れた場合、100万円の現金（資産）が増えて、100万円の借入金（負債）が増えるので、次のように仕訳します。

　　　　〔（借方）現金　100万円／（貸方）借入金　100万円〕

　売上や給与などの収益や費用は、資本増減の内訳と考えます。

　簿記はそもそも、他人から預かった資金をどのように運用したかを証明するために発達してきました。それは個人の備忘記録ではなく、経済取引を体系的に記録するものでした。その記録には常に客観性が要求され、第三者の検証を前提としており、その主旨は現在まで引き継がれています。

　したがって、**取引の記録には必ずその裏付けとなる納品書や受領書、支払明細書などの資料、すなわち証憑書類が必要**となります。

　なお、企業間取引の電子化の流れの中、**これらの取引を電子データでやり取りする場合、電子保存が義務化**されています。

⋮ 簿記一連の流れ

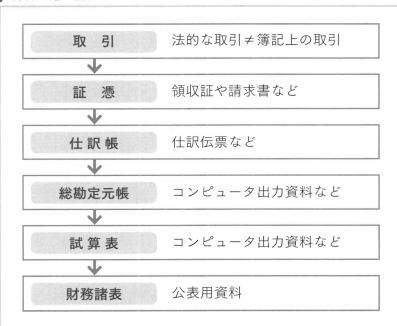

取　引	法的な取引 ≠ 簿記上の取引
証　憑	領収証や請求書など
仕 訳 帳	仕訳伝票など
総勘定元帳	コンピュータ出力資料など
試 算 表	コンピュータ出力資料など
財務諸表	公表用資料

仕訳例

①取引

　　100万円を借り入れて現金が増えた

②記録すべき取引を借方と貸方（左と右）に分ける

　　現金は資産：資産の増加は借方（左）

	借方	貸方
現金（資産）	1,000,000	

　　借入金は負債：負債の増加は貸方（右）

	借方	貸方
		借入金（負債）1,000,000

③取引を仕訳にする

	借方		貸方	
現金	1,000,000	借入金	1,000,000

32

複式簿記の2大要素

◆ 勘定科目体系と帳簿体系

　複式簿記は、**帳簿**と**勘定科目**の２つの要素から成り立っています。取引を証憑に基づいて仕訳して帳簿に記載し、勘定科目ごとに帳簿に集計して、財務諸表を作成する手続きが簿記の一連の流れです。

　この**仕訳と集計のために必要な勘定科目の体系を勘定科目体系、帳簿の体系を帳簿体系**といいます。

　勘定科目体系は、勘定科目を「**資産**」「**負債**」「**純資産**」「**収益**」「**費用**」の５つに分類し、その分類をさらに細分化したもので、金融機関などを除いて、どの会社でもほぼ一般的な体系となっています。

　このうち、資産、負債、純資産に属する勘定科目は貸借対照表に記載され、収益、費用に属する勘定科目は損益計算書に記載されます。

　一方、帳簿体系では、**仕訳帳**と**総勘定元帳**の２つが不可欠な帳簿であり、これらを**主要簿**といいます。

　そのほかに、必要に応じていくつかの**補助簿**が組み合わされて帳簿体系が構成されており、補助簿には仕訳帳の内訳となるものと総勘定元帳の内訳になるものがあります。

◆ 電子帳簿での保存

　実務では経理部や各部門で経費精算システムや会計伝票あるいは稟議書等で承認を受けたうえで、会計システムに入力し、自動的に作成される仕訳帳や総勘定元帳、補助元帳、財務諸表等を電子帳簿で保存する方法が一般的になっています。

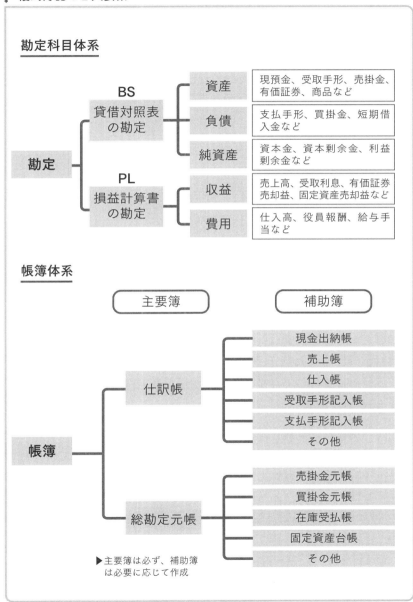

勘定科目体系

BS 貸借対照表の勘定	資産	現預金、受取手形、売掛金、有価証券、商品など
	負債	支払手形、買掛金、短期借入金など
	純資産	資本金、資本剰余金、利益剰余金など
PL 損益計算書の勘定	収益	売上高、受取利息、有価証券売却益、固定資産売却益など
	費用	仕入高、役員報酬、給与手当など

勘定

帳簿体系

主要簿　　　　補助簿

帳簿	仕訳帳	現金出納帳
		売上帳
		仕入帳
		受取手形記入帳
		支払手形記入帳
		その他
	総勘定元帳	売掛金元帳
		買掛金元帳
		在庫受払帳
		固定資産台帳
		その他

▶主要簿は必ず、補助簿は必要に応じて作成

33 会計システムの種類

◆ 複式簿記による帳簿作業の自動化

　日々の取引を仕訳入力して記録し、複式簿記の原則で帳簿作成を自動化するために利用されるのが会計システムです。仕訳を入力すると財務諸表がすぐに出力できるため、多くの事業所で活用されています。代表的な会計システムに次のようものがあります。

　①パッケージ型会計ソフト

　アプリケーションをパソコンにインストールして使用するものです。インターネットにつながっていなくても利用可能です。データはパソコンやサーバに保存します。

　②クラウド会計ソフト

　インターネット上で会計処理できるサービスを利用するものです。銀行やカード会社の入金や出金情報と連携させることも容易です。データはデータセンターやプロバイダーのサーバに保存します。

　③ ERP システム

　販売管理、購買管理、在庫管理、生産管理などの基幹業務と会計の連携を効率化する統合型システムです。導入の仕方は様々で、比較的規模の大きい会社で利用されています。

◆ 電子帳簿の保存

　電子帳簿保存法によりデータの保存は義務化されているため、会計システムに消費税の課税区分や勘定科目を入力して総勘定元帳、仕訳帳、補助簿等の帳簿を作成したら、電子帳簿として保存します。

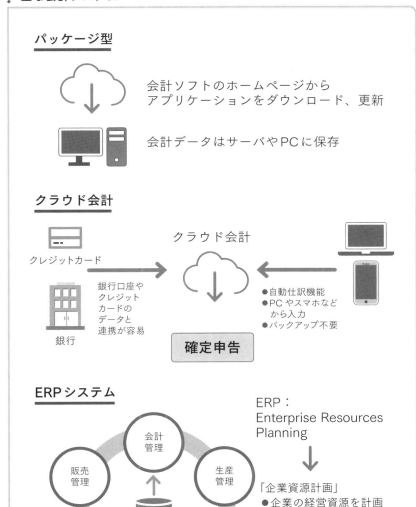

パッケージ型

会計ソフトのホームページから
アプリケーションをダウンロード、更新

会計データはサーバやPCに保存

クラウド会計

クレジットカード

銀行口座や
クレジット
カードの
データと
連携が容易

銀行

クラウド会計

● 自動仕訳機能
● PCやスマホなど
　から入力
● バックアップ不要

確定申告

ERPシステム

会計
管理

販売
管理

生産
管理

在庫
購買
管理

人事
給与
管理

ERP：
Enterprise Resources
Planning

「企業資源計画」
● 企業の経営資源を計画
　的に統合管理すること

第4章　財務会計の基本と実務

会計システムと業務システム

◆ 会計システムと業務システム

　日々の取引を仕訳をして入力し記録するのが会計システムですが、会社の活動は各部門が仕事の内容（例：販売、調達、生産、人事など）や業務プロセスに応じてシステム化しています。

　通常、財務諸表は複数の業務システムから会計に必要なデータを集約して会計システムへ入力することで作成します。DX 化など会計処理のフローを改善するには、社内の業務システムの理解が必要です。

◆ 業務システムの区分

　社内で使用される業務システムは一般に次の5つに分類されます。

①**販売系業務システム**（**販売管理システム**）：市場、商品、部門、取引先などの区分で売上や粗利、在庫、売掛金などを管理。

②**購買系業務システム**（**仕入管理システム**）：商品、部門、仕入先などの区分で仕入や仕入原価、在庫、買掛金などを管理。

③**人事システム**（**給与計算システム**）：役員、社員、部門、パート、アルバイトなどの区分で給与や人事管理のデータを管理。

④**固定資産管理システム**（**減価償却計算システム**）：建物、車両、器具備品、ソフトウェア、特許権などの区分で固定資産の取得や除却、取得価額、減価償却費、帳簿価額などのデータを管理。

⑤**経費精算システム**：社内の交通費、交際費など日常の経費や仮払金の申請、承認、精算などのデータを管理。

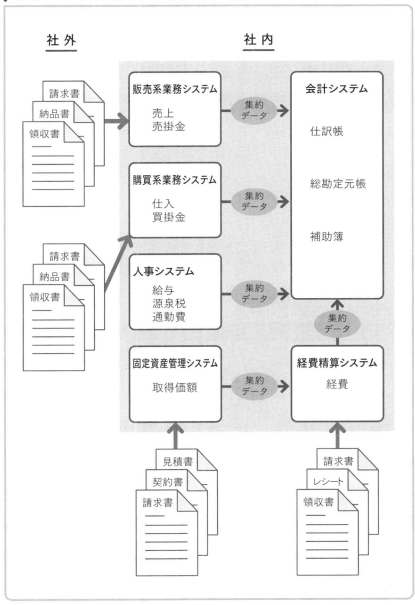

会計システムと業務システムのデータ連携

社 外　　　　　　　　社 内

請求書
納品書
領収書

販売系業務システム
売上
売掛金

集約データ

会計システム
仕訳帳
総勘定元帳
補助簿

購買系業務システム
仕入
買掛金

集約データ

請求書
納品書
領収書

人事システム
給与
源泉税
通勤費

集約データ

集約データ

固定資産管理システム
取得価額

集約データ

経費精算システム
経費

見積書
契約書
請求書

請求書
レシート
領収書

35 経理業務の DX 化

● IT 化と DX 化

　従来、経理業務の IT 化は表計算ソフトや会計システムなど IT ツールを活用して、経理部内あるいは社内の業務を効率化することに主眼が置かれていました。しかし、請求書や納品書、領収書あるいは入金や支払処理等の取引事実の証明書類で授受しており、データの集計作業や入力作業を人手で行っているため、効率化がなかなか進みません。

　DX とは社内はもちろん社外の顧客や取引先も含め、デジタル技術を活用してビジネスプロセスを変革し、新たな価値を生み出しながら企業の成長を目指すものです。

● 経理業務と DX 化で検討する 3 つのこと

①**社内の業務処理の電子化**：書面や現金などによる業務処理から電子データを活用した業務処理に変える。

②**書類保存の電子化**：請求書・納品書・領収書など証憑や取引データを電子帳簿保存法に準拠して電子データで保存する。

③**取引書類のデジタル化**：得意先や仕入先の取引書類を Peppol ネットワーク*による電子データでの授受に変える。

　経理業務の DX 化には、まずは社内のペーパーレス化を進め、電子帳簿保存を徹底し、次に取引書類をデータ化していくことです。

　実務では当面は紙の資料、メール添付の PDF、CSV や EDI による Peppol でやりとりするデータの混在は避けられないため、改善効果の高い業務から DX 化を進めることが肝要です。

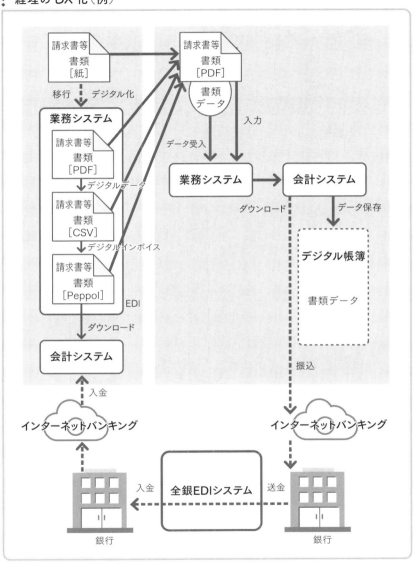

経理の DX 化（例）

業務システム
- 請求書等 書類 [PDF]
  - ↓ デジタルデータ
- 請求書等 書類 [CSV]
  - ↓ デジタルインボイス
- 請求書等 書類 [Peppol]

請求書等 書類 [紙] → 移行 / デジタル化 → 業務システム

請求書等 書類 [PDF] / 書類データ

データ受入 / 入力

業務システム → 会計システム

ダウンロード / データ保存

デジタル帳簿 書類データ

EDI / ダウンロード

会計システム

入金

インターネットバンキング / インターネットバンキング

振込 / 送金 / 入金

全銀EDIシステム

銀行 / 銀行

* Peppol ネットワーク：電子インボイスなどの電子文書をネットワーク上でやり取りするための世界標準規格 Peppol（Pan European Public Procurement Online）を介した取引ネットワーク。

36

決算と財務諸表

◆ 決算とはある一定期間の利益を確定する手続きのこと

　ある一定期間の帳簿から財務諸表を作成する手続きが、**決算**です。**財務諸表**とは金融商品取引法における財務情報を記載した表の総称をいい、会社においては**貸借対照表**と**損益計算書**が中心になります。財務諸表は他に、一定期間の資金の増減を表す**キャッシュフロー計算書**や、純資産の増減を表す**株主資本等変動計算書**、製造業の損益計算書の内訳を示す**製造原価報告書**があります。

　そして財務諸表は取引のすべてを記載した**総勘定元帳**に、勘定科目ごとに記載された金額を集計した**試算表**から作成します。

　ところで、現代の会計理論は、会社が永続することを前提としています。そのため、期間を設定して、その期間ごとの利益を計算することが会計の目的となっています。この期間の利益を確定する手続きが、すなわち決算です。

　決算では帳簿と財務諸表のズレがないかをチェックして正確な決算を行う**決算整理**という手続きが行われます。その手続きには、減価償却費や引当金、法人税の計上、経過勘定項目＊の処理などがあります。

　財務会計では、１年に一度の決算を実施している会社が大多数ですが、経営者が１年前の決算数字に基づいて判断していては的確な経営はできません。そのため、多くの会社では社内の管理会計として毎月決算を行う月次決算制度が実施されています。

　また、社外報告について上場会社は四半期ごとに決算短信による報告が必要であり、よりスピーディーな決算対応が求められています。

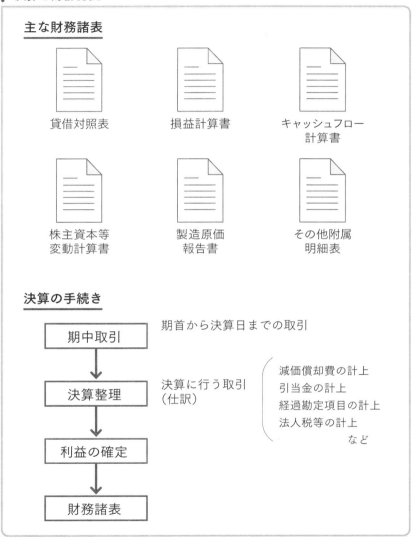

主な財務諸表

貸借対照表 損益計算書 キャッシュフロー
計算書

株主資本等
変動計算書 製造原価
報告書 その他附属
明細表

決算の手続き

| 期中取引 | 期首から決算日までの取引 |

↓

| 決算整理 | 決算に行う取引
（仕訳） | 減価償却費の計上
引当金の計上
経過勘定項目の計上
法人税等の計上
など |

↓

| 利益の確定 |

↓

| 財務諸表 |

＊経過勘定項目：現金の収支とその期に計上すべき収益や費用にタイミングのずれが生じた場合、
そのずれを調整するための勘定科目であり、「前払費用」「前受収益」「未払費用」「未収収益」
の4つがある。

37

財務報告と税務申告

◆ 株主へ決算を報告し、税務署に法人税の申告を行う

　会社法では、株式会社は必ず決算期を定め、最低１年に一度は決算を行い、株主に報告することが規定されています。そして、会社法の決算に基づき税法に則した税務調整をして**法人税**の申告が行われます。

　また、上場会社など**金融商品取引法**の適用を受ける会社は、**有価証券報告書**と**半期報告書**を公表することが義務化されています。

　税務申告と財務報告の完了により、財務会計についての経理部の仕事が完結します。これら会社法、金融商品取引法、法人税法の３つに規定される**企業会計のトライアングル体制**の特徴は以下のとおりです。

①**会社法会計**：多くの配当を求める株主と少ない配当で会社財産を確保したい債権者との利害を調整した利益である「**配当可能利益**」の算定を目的としています。会社法会計は、資産を取得金額で評価する**取得原価主義**と**実現主義**を特徴としています。

②**金融商品取引法にかかわる会計**：投資家の投資判断に有用な情報提供を目的としています。投資家はグループ全体の財務状況及び経営成績を表す連結財務諸表とキャッシュフローをも重視しているため、キャッシュフロー計算書も監査対象となっています。

③**税務会計**：会社法会計の目的は適正な期間利益を計算することですが、税務会計は課税の公平が目的のため、会社法の利益と法人税法の所得は異なります。税務会計では、株主総会の承認を得て確定した**会社法会計**の利益をもとに法人税法で定められた調整をして所得を計算します。これを「**確定決算主義**」といいます。

「企業会計のトライアングル体制」の目的と開示資料

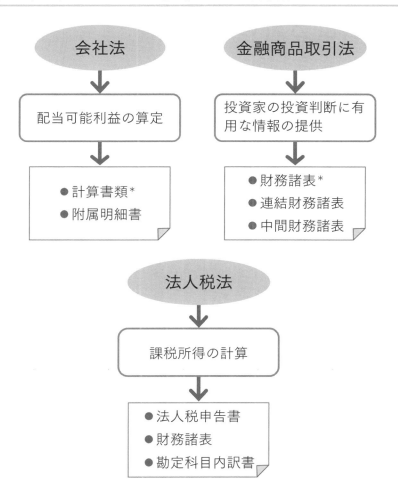

＊計算書類：会社法では「貸借対照表」「損益計算書」「株主資本等変動計算書」「個別注記表」
　の４つをいい、定時株主総会で株主に提供することを目的に各事業年度ごとに作成が義務
　づけられている。

＊財務諸表：金融商品取引法では一般的にいう決算書（「貸借対照表」「損益計算書」「キャッ
　シュフロー計算書」「株主資本等変動計算書」「個別注記表」等）を財務諸表としている。
　特に重要な「貸借対照表」「損益計算書」「キャッシュフロー計算書」の３つを「財務三表」
　と呼ぶ。

38

会計方針の選択基準

◆ 選択した会計方針には注記表を添付する

会計方針とは、貸借対照表や損益計算書等財務諸表の作成にあたって、経営成績や財政状態を正しく報告するために採用される会計処理の原則や手続き、表示方法などのことです。

会社の財務状態や経営状態をその会社が属する業界の特性等を踏まえて正しく報告するために、1つの取引について複数ある会計方針から選択できる場合があります。どの会計方針に基づくかは決算書の結果に重大な影響を及ぼすため、**採用した会計方針が何かを示す注記表を添付すること**が会社法で規定されています。

例えば、**棚卸資産の会計方針には「評価基準」と「評価方法」**を記載します。評価基準には①**原価法**、②**低価法**があり、評価方法には①**総平均法**、②**移動平均法**、③**先入先出法**、④**最終仕入原価法**などがあります。会社は棚卸資産について上記のいずれかの評価方法から1つを選択します。一度選択した会計方針は正当な理由がないかぎり変更できません。決算の都度、会社の都合で変更をすれば損益計算に影響し、利害関係者の判断を混乱させるおそれがあるからです。

また、正当な理由で会計方針を変更した場合、会計方針変更の内容とその理由、従来までの処理によった場合と比較しての影響額について注記表に記載し、表示方法を変更したときもその内容を記載します。

そのほかに選択肢のある会計方針としては、有価証券の評価基準及び評価方法、固定資産の減価償却の方法、繰延資産の処理方法、引当金の計上基準などがあります。

1 棚卸資産の評価基準及び評価方法

2 有価証券の評価基準及び評価方法

3 固定資産の減価償却の方法

4 繰延資産の処理方法

5 引当金の計上方法

6 デリバティブ等の評価基準及び評価方法

7 外貨建資産負債の換算基準

8 リース取引の処理方法

9 ヘッジ会計の方法

10 その他重要な事項（消費税）

39 取引の把握と仕訳

◆ 取引の発生の都度仕訳伝票を起票

経理では取引（現金の入出金を伴うもののほかに掛売りで製品を売ったとか掛けで原料を買ったという経済行為すべて）が発生したら、そのたびにきちんと仕訳伝票を作成することが基本です。**仕訳**とは会社の各部署で行った取引を複式簿記の仕組みを使って勘定科目に表し、それら勘定科目を**借方***と**貸方***に分けていくことですが、この仕訳は所定の仕訳伝票の用紙に書き分けます。仕訳伝票には**出金伝票***、**入金伝票***、**振替伝票***の３種類があります。

仕訳伝票には、①取引日、②借方・貸方の勘定科目、③金額、④作成者印、⑤伝票承認印が記載及び押印がなされます。

これら①から⑤までのすべてが満たされて、はじめて仕訳伝票としての意味を成します。これをチェックしたらコンピュータに入力します。

ただ、仕訳が可能となるのは経理部にすべての情報が報告されることが前提です。日常の定例的な仕事や小規模な会社で誰がどの仕事にあたっているかがつぶさにわかる場合は取引仕訳を起こすのに特に問題が起こることはありません。

しかし、新規の取引先との取引や新規事業を開始する場合は、経理に報告されるべき情報そのものや、一部の情報しか伝達されなかったり、正確でなかったりするケースが多いため、事前に報告様式はどうするのか、誰がいつまでにその情報をあげるのかについて決めておかないと混乱を引き起こすことになりかねません。

仕訳と伝票

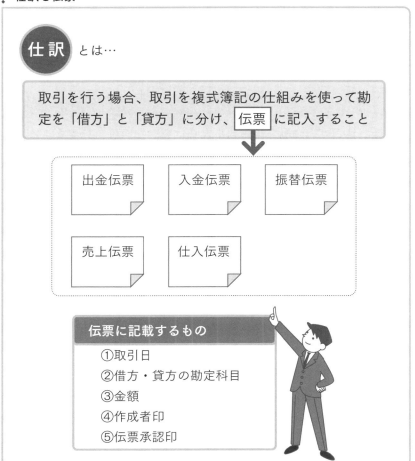

仕 訳 とは…

取引を行う場合、取引を複式簿記の仕組みを使って勘定を「借方」と「貸方」に分け、 伝票 に記入すること

出金伝票　　入金伝票　　振替伝票

売上伝票　　仕入伝票

伝票に記載するもの

①取引日
②借方・貸方の勘定科目
③金額
④作成者印
⑤伝票承認印

＊借方：資産や費用の増加及び負債や純資産、収益が減少した場合の取引を左側に記帳。
＊貸方：負債や純資産（自己資本）、収益の増加及び資産や費用が減少した場合の取引を右側に記帳。
＊出金伝票：事業者が取引に際して相手方に現金を支払ったときに使う伝票。
＊入金伝票：事業者が取引に際して相手方から現金が入金されたときに使う伝票。
＊振替伝票：現金以外の取引を記録するための伝票。
＊売上伝票：売上があったときに記録するための伝票。
＊仕入伝票：商品の仕入れを行ったときに起票する伝票。

40

原価計算

◆ 実務では標準原価計算の採用が多い

原価計算とは、製品を製造するために要した原価を計算することです。製造業の会社が財務諸表を作成するためには、期末の製品や仕掛品の原価を確定しなければなりません。そのためには、材料費・加工費・労務費・製造経費などの製造原価を集計して、製品や仕掛品1単位あたりの原価を計算することになります。こうした**財務諸表の作成を目的とするもの**が「財務会計のための原価計算」です。

その一方で、財務諸表の作成目的以外に**予算管理・原価管理・製品売価の算定など経営管理のためにも原価計算が行われます。これを「管理会計のための原価計算」**といいます（「管理会計のための原価計算」については164ページで詳述します）。

原価計算のルールを**原価計算基準**といいます。この基準では原価を次の3段階で計算します。①一定期間の原価を材料費・労務費・経費のいずれかの費目に分類して、②その費用を製造ラインの部門ごとに振り分け、③製品や製品種類ごとに集計して、製品原価を計算します。3段階に分けるのは、どの製品にかかった費用なのかはっきりしない費用（**製造間接費**といいます）を製品ごとに振り分けるためです。

しかし、原価計算の実務ではこうした3段階の計算ではなく、製品を製造する際の理想的な原価である標準原価を利用した**標準原価計算**が多く採用されています。標準原価計算では、**標準原価の合計額と実際の材料費・労務費・経費の合計額の差額を原価差額として、期末に製品や仕掛品の棚卸資産と売上原価に一括配分**します。

原価計算の流れ

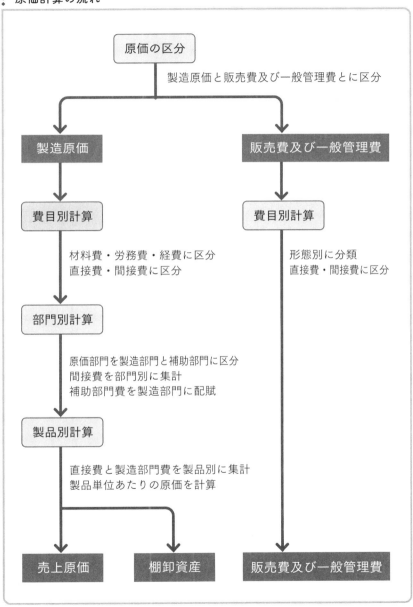

原価の区分

　製造原価と販売費及び一般管理費とに区分

製造原価　　　　　　　　　　　　販売費及び一般管理費

費目別計算　　　　　　　　　　　費目別計算

材料費・労務費・経費に区分　　　形態別に分類
直接費・間接費に区分　　　　　　直接費・間接費に区分

部門別計算

原価部門を製造部門と補助部門に区分
間接費を部門別に集計
補助部門費を製造部門に配賦

製品別計算

直接費と製造部門費を製品別に集計
製品単位あたりの原価を計算

売上原価　　　棚卸資産　　　　　販売費及び一般管理費

41

在庫管理の基本

◆ 在庫数量を適切に把握し、不良在庫を滞留させないようにする

　製造業における材料・仕掛品・製品、小売業における販売用商品である在庫は会社の資産の基本をなすものです。在庫は現金と同様に価値があり、また、不正や盗難の可能性もあるため、その管理には十分注意しなければなりません。

　在庫管理の計算方法には、**継続記録法**と**棚卸計算法**があります。**継続記録法とは在庫の受払をその都度記帳し常に在庫数量を把握する方法**のことであり、**棚卸計算法とは四半期や年次の決算期末に倉庫など実地で現物を調べて在庫の残数量を計算する方法**のことです。

　適宜正しく在庫を管理するには継続記録法によって常に在庫を把握し、定期的に在庫の現物と照合する方法が望ましいといえます。しかし、この方法は手間と費用がかかり、すべての在庫管理に適用するのは不経済です。そこで在庫の重要度に応じてグループ分けして、**重要なものは継続記録法を採用し、それ以外は棚卸計算法によって管理する方法が現実的**です。

　また、在庫管理には、数量管理とともに品質の管理も必要です。型式が古くなったり、品質が劣化して売れないものなど不良在庫の有無を把握して、評価減や廃棄処分を行ったり、不良在庫になるおそれのあるものは原価割れでも売却するようにしなければなりません。

　こうした判断は**経理部が主導して不良在庫を適切に処理し、経済的損失を最小限にとどめ、管理費用の負荷を軽減する**努力をしなければなりません。

在庫管理

- 販売目的として所有する商品・製品・副産物・作業くず
- 販売目的の製造途中の仕掛品・半製品・仕掛工事
- 製造販売のために使用される原材料・部品・消耗品

在庫管理の方法

原価法*	個別法、先入先出法、総平均法、移動平均法、最終仕入原価法、売価還元法
低価法	原価法による評価額と期末の正味売却価額のいずれか低い価額

＊上場会社は原価法（収益性の低下に基づく簿価の切り下げの方法）が強制される

在庫数の計算方法

継続記録法	在庫の受払いをその都度記録し、常に在庫数を把握する方法
棚卸計算法	実地棚卸しによって在庫数を把握する方法

在庫状況の管理方法

滞留管理	受払いが少ないものや型式が古いものなどをリストアップして、処理方法を検討する
現品管理	定期または随時に現品を調査して、保管方法や取扱い方法を検討する

42

固定資産管理と減価償却

◆ 定期的に現物を確認し、適切に処理する

　固定資産とは、販売目的以外で長期にわたり会社が所有する資産のことです。**不動産**や**什器備品**などが代表的です。固定資産には、**土地**など時間とともに経済価値が減価しないものと、**建物**や**事務機器**のように時間の経過や利用により価値が減っていく（減価する）ものがあり、減価するものについてはあらかじめ決めた利用期間内で毎期少しずつ費用に計上する、つまり**減価償却**することとなります。

　固定資産の購入時にはその区分や耐用年数に注意しますが、一度計上してしまうとその後の管理を疎かにする場合も少なくありません。固定資産は在庫と異なり頻繁に移動するものではないことがその一因として考えられます。常に現物と照合する必要が少ないため、現場の判断で固定資産を処分していても経理にその報告がなされず、資産に計上されたままとなっていたりすることもあります。

　経理としてはその点に留意して、定期的に現物を調査し、処分したものについては帳簿から取り除く処理（除却）をするようにします。

　固定資産を修理したり改良したときに固定資産の取得価額とするのか修繕費として費用処理するのか、判断に迷うことがあります。**固定資産で特に問題となるのが、この資本的支出*と修繕費の区分**です。**実務では法人税法やその通達により判断**しています。

　そのほかに、リースで取得する固定資産については、**リース会計基準*や法人税法**の規定による会計処理が必要です。また、**減損会計基準***にも対応しなければなりません。

固定資産

販売目的以外で長期にわたり会社が所有する資産

有形固定資産	建物、構築物、機械装置、車両運搬具、工具・器具・備品、土地
無形固定資産	借地権、営業権、ソフトウェア、特許権などの知的財産権、漁業権などの法律や契約による利用権
投資等	子会社株式、出資金、長期貸付金などの投資やその他の資産

減価償却

長期にわたり使用される固定資産について、経済的または物理的な減価を認識するため、規則的な方法で毎期の費用に計上する手続き

減価償却資産	建物や営業権など減価償却する資産
非減価償却資産	土地や借地権、美術品などの減価償却をしない固定資産

固定資産管理の方法

帳簿管理	固定資産台帳とリース資産台帳の作成 資本的支出と修繕費の区分の明確化 現場視察や実地棚卸により、台帳と現物の照合
現物管理	財産番号シールの添付と配置図の作成 稼働状況や保守管理状況の管理簿の作成 遊休資産や不要資産の処分 損害保険加入の状況の把握

＊資本的支出：設備投資など土地・建物・車両・機器類等固定資産の購入・維持・改善改良などに支出する費用。
＊リース会計基準：リース取引に関する会計処理の基準。
＊減損会計基準：主に有形固定資産の減損処理に関する会計処理の基準。

43

債権管理

◆ 与信管理や債権回収等を主導または支援する

　会社が売上を計上する場合、得意先に対する**売掛債権**が発生します。この売掛債権の管理（**債権管理**）を誤ると会社は損害を被ることになります。特定の得意先に対して多額の売掛債権を有している場合、その得意先の倒産で連鎖倒産することにもなります。それだけに、債権管理は経理部として重要な業務に位置づけられます。

　債権管理は、新規取引先に対する**信用調査**が必要となります。取引先の状況を知らずに信用で販売していると、貸し倒れや詐欺に遭う可能性が生じます。営業部が売上を優先することで**与信管理**が後回しになったりすることがありますが、売上が上がっても売掛金が回収されなければ営業部は会社に損害を与えることになります。**そもそも与信管理は営業部の責任ですが、経理部では営業部とは別に、あるいは連携して与信限度の設定や管理をします。**与信管理は新規取引先だけでなく、既存の取引先に対しても金額の重要度に応じて定期的に行わなければなりません。

　また、**条件どおりに回収されない売掛債権（滞留債権）を管理し、営業部に回収の督促をしたり、回収に疑義がある得意先に対し債権の保全手続きをすることで会社の財産を守るのも経理部の仕事です。**

　反復継続的に行われる事業活動では、得意先との間に計上の差異が生じてくることがあります。そのため、少なくとも年1回程度は確認状などで債権の確認を行い、差異が生じたときはその原因を調査して適切な措置を講じることが必要となります。

債権管理

債　権

負債のある者に対して支払いを求める権利

売掛金や
受取手形などの
売掛債権

貸付金

仮払金や
立替金の中で
金銭で回収
するもの

債権管理に付随する業務

与信管理	貸し倒れ防止のため、債務者の支払い能力を定期的に調査する＝信用調査 ● 信用調査は信用調査会社への委託または自社で実施
滞留債権管理	支払いの遅れている債権について、回収の促進を図る ● 債権滞留管理表を作成し、販売部門に回収の予定や対応を検討させる
債務確認	債務者の債務と会社の債権が一致しているかを確認する ● 経理部から相手先の経理部などへ確認状を送付して回答を得る
債権保全	貸し倒れの可能性のある相手先について、債権を保全する ● 取引停止や担保設定を行う ● 得意先に営業保証金を差入れさせる

44

外貨建取引と為替

◆ 海外取引のある会社の経理には必須の知識

　外貨建取引とは、売買価額その他取引価額が外国通貨で表示されている取引をいいます。経済の国際化に伴い、商品の調達や供給が複数の国で行われ、インターネットにより、越境 EC など国際的なビジネスが効率的に運営できるようになりました。**国際取引に伴って経理部が対応しなければいけないのが、外貨建取引の会計と税務**です。

　海外企業との取引の場合、円建てで行うことはまれで、多くの場合は外貨建てで行われます。そこで経理では外貨建取引を記録するには円換算しなければなりません。

　円に換算するときのルールを定めているのが外貨建取引等会計処理基準です。換算するときのレートは銀行のホームページで確認できます。為替レートは電信売相場（TTS）、電信買相場（TTB）、電信仲値相場（TTM）の３つがあります。基本的には取引日の為替レートの TTM を使用しますが、取引によって TTS や TTB の使用も認められます。

　また、取引時の相場だけでなく月平均のレートや月末日のレートなども使用できるので、会社によって換算基準は異なります。会社の採用しているルールにしたがって円換算します。

　さらに、外国通貨や売買目的有価証券など期末時点の外貨建資産は期末時レートで換算することになっているため、円換算の会計処理は決算期末時点でも必要になります。

　海外取引のある会社の経理は常に外国為替相場の動向に注視しておかなければなりません。

外貨建取引の会計処理

区　分	適用レート
通貨	決算時レート
金銭債権債務	決算時レート
転換社債（債務）	発行時レート
売買目的有価証券	決算時レート
満期保有目的債券	決算時レート
子会社・関連会社株式	取得時レート
その他有価証券	決算時レート （税務は取得時レート）

外貨建取引時の換算処理

為替レートの種類

TTS（Telegraphic Transfer Selling Rate；電信売相場）：金融機関が顧客に外貨を売る際の相場で仲値に手数料を上乗せ

TTB（Telegraphic Transfer Buying Rate；電信買相場）：金融機関が顧客から外貨を買う際の相場で仲値から手数料を差し引く

TTM（Telegraphic Transfer Middle Rate；電信仲値相場）：TTSとTTBの中間値（仲値）

- 外貨の売買の基準となるのが仲値であるTTM
- 継続適用を前提に例外として、TTSとTTBの適用も認められている

外貨建取引時の仕訳例

商品を1,000ドルで掛取引で売った（売上時のレートは150円）

借方		貸方	
売掛金	150,000	売上	150,000

上記の商品売上のうち、500ドルが外貨預金に入金された
（入金時のレートは160円）

借方		貸方	
外貨預金	80,000	売掛金	75,000
		為替差益	5,000

1,000ドルで売り上げた商品の売掛金残高500ドル（簿価75,000円）を決算期に再評価した
（決算時のレートは155円）

借方		貸方	
売掛金	2,500	為替差益	2,500

45

有価証券の管理と評価

◆ 現物管理と時価の把握

　会社は、資金の運用、他の会社の支配、取引関係の維持などの理由から株式や債券を保有します。**企業会計では、国債、社債、株券、新株予約権証券、投資信託の受益証券など金融商品取引法第2条に規定されているものを有価証券と定義**しています。

　有価証券の管理では、有価証券の取得から売却までの期間にわたって、現物管理と時価の把握が必要となります。

　現物管理では、株券や預り証の厳重な保管に合わせ、取引成立時に証券会社から交付される取引報告書のコピーをいっしょに保管しておくことで取得から売却までの履歴が把握できるようにしておきます。

　時価の把握では、金融商品会計基準に定められた時価主義会計によって評価します。具体的には、保有目的によって売買目的など4つに区分し、区分や時価の有無に応じて、時価や原価で評価します。そのため、時価の把握は適正な利益計算のためにも重要な業務です。

◆ 時価の把握の留意点

　時価の把握にあたっては、上場株式など市場価格があるものだけでなく、非上場株式のように市場価格がないものについても、発行会社の決算書を入手して価値の増減を把握しておきます。

　信用取引や先物取引などで、ヘッジ＊を目的としない投機的取引を行っているときは、外貨建取引と同様、担当者以外の人が毎日チェックする仕組みが必要となります。

有価証券の管理と評価のポイント

主な有価証券

| 国債 | 社債 | 株券 | 新株予約権証券 | 投資信託の受益証券 |

有価証券の管理ポイント

現物管理	●株券や預かり証の厳重保管 ●現物に取引計算書のコピーを添付して保管
時価の把握	●株価や基準価格の情報収集 ●発行会社の決算書の入手と財務状態の把握
取引管理	●保有する有価証券とヘッジ取引の対応表の作成 ●投機取引は値洗表（当日の相場と損益の管理表）の作成 ●投機取引では担当者以外のチェックなど管理 ●体制の整備

有価証券の評価

区分	評価基準	評価差額
売買目的有価証券	時価	損益に計上
満期保有目的債券	償却原価	―
子会社・関連会社株式	原価	―
その他有価証券	時価あり→時価 （税務は原価） 時価なし→原価	資本の部に直接計上

＊ヘッジ：価格変動による損失や不利といったリスクを回避（ヘッジ）する手段。

電子帳簿保存法による
帳簿類の保存

◆ 電子データによる保存への移行

　会社の財産状態や経営成績は、現金や商品などの現物と請求書や領収書、契約書など取引の事実を証明する書類である証憑をもとに、伝票や帳簿を作成することで把握できます。取引事実を証明する書類や会計帳簿は適切に整然と保存し、いつでも提示できる状態にしておきます。

　会計帳簿は、法律で定められている**主要簿**と会社が必要に応じて作成する**補助簿**に分類されます。**法人税法上の帳簿及び書類の保存期間は7年、会社法では10年**です。

　帳簿や書類を電子データで保存する場合は、電子帳簿保存法の電子帳簿保存制度に準拠しなければなりません。電子帳簿保存制度は次の3つに区分されています。

①**電子帳簿保存**（任意）：パソコン等で作成している帳簿や証憑をプリントアウトして保存するのでなく、電子データのまま保存できる。例えば、会計ソフトで作成している仕訳帳やパソコンで作成した請求書の控え等が対象。

②**スキャナ保存**（任意）：取引先から受領した紙の領収書や請求書等はその書類自体保存する代わりに、スマホやスキャナで読み取った電子データを保存することができる。

③**電子取引データ保存**（対応が必要）：法人税に関して、注文書、契約書、送り状、領収書、見積書、請求書などに相当する電子データのやりとりには、その電子取引データの保存が必須。

電子帳簿保存法による帳簿の保存（受領側）

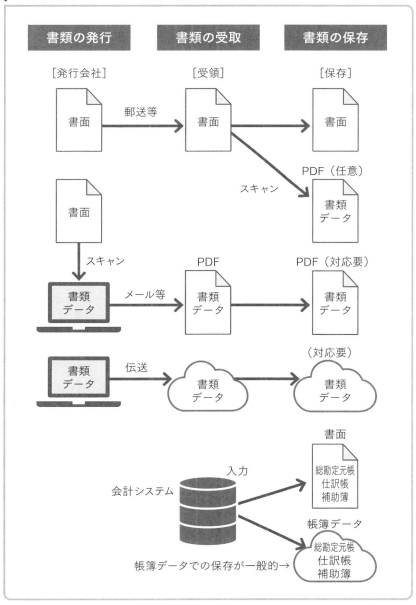

47 月次決算書の作成と報告

◆ 会社内部の利用者がわかりやすいように作成する

　月の終わりには、総勘定元帳から**試算表**を作成する業務も経理部の大切な仕事です。**試算表は会社の経営成績がどうなっているのか、財政状態がどうなっているのかを1カ月という単位で試算したものです。**

　この試算表をもとに**月次決算書**が作成されますが、この月次決算書はあくまで内部用の資料となるものであり、この点では外部公表用の決算書とは性格を異にします。

　つまり、**会社の月次決算書はその会社独自のものでよく、会社内部の利用者がわかりやすいものであればよい**ということです。

　なお、試算表は会社全体の経営成績や財政状態を表しますが、作成方法によっては細かいレベルの部門や支店ごとの1カ月間の経営成績や財政状態を表すこともできるので、より管理会計的な側面を持つことになります。

　また、月次決算は本決算よりも簡易な手続きによって行われます。これは情報の正確性よりもスピードが求められているからです。

　試算表は本来、仕訳が正しく行われたかどうか、その仕訳が総勘定元帳に正しく転記されたかどうかをチェックするためのものですが、結果として経営成績と財政状態もわかるようになっています。

　月次で試算表を作成していないと作成の間違いがあった場合、1年間の伝票をチェックしなければならなくなりますが、月段階でチェックしていればミスがあったとしても1カ月間の伝票をチェックし直すだけで済むため、その労力もかなり軽減されます。

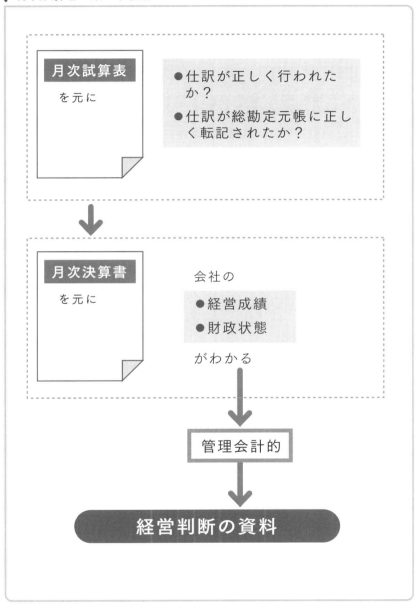

48

決算及び税務申告の業務

◆ 決算スケジュールをもとに詳細な日程を決める

　決算とは、会計期間の経営成績と期末の財産状況を明らかにする計算書類（決算書）を作成して債権者や株主、投資家に開示する手続きのことです。開示する前に監査を受けて取締役会の承認を受けます。税務に関する申告書は、その計算結果に基づいて作成します。

　決算の日程は会社法では、①計算書類の作成期間、②監査役会及び会計監査人の監査期間、株主総会の招集通知の発送期間を考慮のうえ、柔軟に設定できるように規定されています。

　経理実務では会社で決定した決算スケジュールに沿って、より詳細なスケジュールを作成します。具体的には、「いつどこの棚卸を実施して」「会計伝票の入力を締め切って」「試算表を出力して」といった日程を決めます。会計監査人と監査役が監査した監査報告書を入手したら株主総会通知に決算書を添付し、株主総会での承認を受ける準備をします。日程が決まると、業務について漏れや重複がないように担当者を振り分け、上長はその進捗度合いについての管理をします。

　上場会社の場合は、先にあげた会社法に規定される決算作業の他に、①決算短信、②有価証券報告書（EDINET による開示）、③決算公告（官報や新聞等に掲載）などの開示があり、それぞれ内容や形式が異なるので、かなりのボリュームとなります。

　税務申告も延長申請*している場合は決算日から３カ月以内に行われます。株主総会で承認された決算書に基づき、税務申告書を作成し、法人税と消費税は税務署に、地方税は都道府県や市町村に申告します。

定時株主総会までのスケジュールと税務

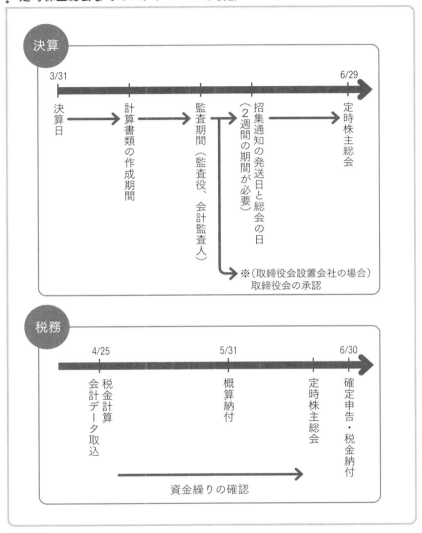

＊法人税の申告は定款に「定時株主総会を事業年度終了後3カ月以内に行う」と定めていれば、決算終了後2カ月以内に決算が確定しないという理由により、決算日までに「申告期限の延長の特例の申請書」を税務署に提出することで、法人税の申告期限を1カ月延長することができる。法人地方税と事業税にも同様の制度がある。

49 決算方針の確定

◆ 経理部で作成した会計情報をもとに経営陣が確定する

　会社の決算は1年間の企業活動の集大成のため、1年間に会社で発生したしたすべての事業活動を取引の積み上げとして決算書に反映させることになります。例えば黒字であれば、その利益を次年度以降の経営にどのように活用するかなど、経理部で正しく作成した決算書等会計情報をもとに経営陣が自社としての決算方針を確定します。

　決算は決算書を通じて外部に公表されるため、**株主、金融機関、顧客、取引先、従業員など様々な利害関係者にとっては公式に会社の経営結果を知ることのできる貴重な情報であり、会社の経営状態を客観的に正しく理解するためのもの**です。

　3月決算の会社なら、新年を越えた頃にはおおよその決算概要が見えてきます。本業の損益の状況を表す営業利益については残り3カ月での急激な変化は織り込めませんが、財務に関する収益までも加味した経常利益であれば、本業の利益の不足分を運用目的で所有していた有価証券の売却などである程度カバーすることができます。

　また、決算上織り込む修正として、貸倒引当金や在庫の処分についても早めに見積もり、最終的な公表数値はどのくらいになるのかトップに報告する必要があります。

　上場会社は業績をあらかじめ公表していますが、公表数値と実績数値がかけ離れるようだと、なるべく早めに公表数値の変更（業績修正）をする必要が生じます。できるかぎり早い段階で投資家にディスクローズし、注意を促さなければならないからです。

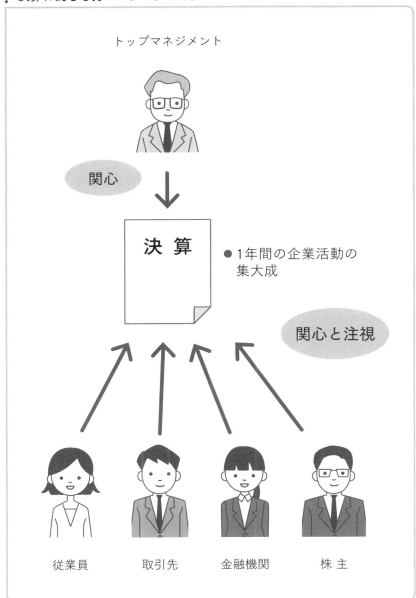

トップマネジメント

関心

決　算

● 1年間の企業活動の
　集大成

関心と注視

従業員　　　取引先　　　金融機関　　　株 主

第4章　財務会計の基本と実務

50

決算書の作成

◆ ステークホルダーに1年間の経営成績と財政状態を報告する

　事業年度の終わりには必ず事業年度の締めくくりをし、決算書を作成します。**その主要目的は、取引先、融資先、従業員などの利害関係者（ステークホルダー）に対して当事業年度の会社の経営成績と財政状態を報告**することです。そのため、作成した決算書は株主総会で承認を得なければなりません。また、納税額を正しく算定する目的も重要です。税務申告の税務署への提出義務があるからです。

◆ 会社法上の決算書の種類

　会社法上の決算書には、計算書類、事業報告、附属明細書があります。計算書類とは、**貸借対照表と損益計算書**が代表的なものです。その他に、**株主資本等変動計算書や個別注記表**があります。株主資本等変動計算書は事業年度中における資本金・準備金の増減、剰余金の増減を含めた純資産の部の各項目の増減を表すものです。個別注記表は会計方針や貸借対照表注記、損益計算書注記のほか、継続企業の前提に関する注記や後発事象に関する注記を表として記載するものです。

　事業報告は、会社の状況に関する重要事項や内部統制システムについて記載するものです。

　そして附属明細書は、貸借対照表と損益計算書に記載されている項目をより詳細に記載したものです。

　また、製造業の会社は、製品の原材料、労務費、経費の内訳を記載した**製造原価報告書**も添付します。

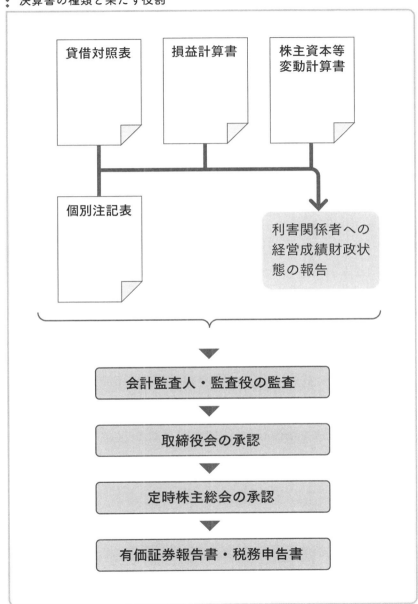

51

法人税及び地方税の申告

◆ 決算の確定から2カ月以内が原則

　会社の決算手続きは、会社法の規定に基づいて**計算書類**を作成し、取締役会や株主総会等の承認により確定します。

　法人税は、その決算をもとに所定の**税務調整***をして所得を算出し、税額を計算します。**法人税の申告と納付期限は、原則として決算期日の翌日から2カ月**と定められています。法人税（地方法人税を含む）は国税ですが、同じように都道府県に**都道府県民税**と**事業税**（特別事業法人税を含む）を、市町村には**市町村民税**をそれぞれ申告、納付します。

　税務申告は、株主総会で決算が承認された決算の確定日から2カ月以内と会社法に定められています。会計監査人の監査を受けなければならないなど会社が決算日から2カ月以内に決算を確定できない場合は、申告期限の延長の特例を受けることにより、申告期限は1カ月延長されます。

　法人税の所得計算は会社単位で計算することが原則ですが、100％親子関係の**完全支配関係**にある企業グループは、企業グループ内の法人の損益や繰越欠損金を通算できる**グループ通算制度***を選択することもできます。適用を受ける場合は、国内の親会社とそのすべての100％子会社が国税庁長官の承認を受けなければなりません。なお、消費税や地方税にはグループ通算制度という制度はありません。

　法人税は、社会政策や経済情勢に対応して毎年改正されます。納税額は当期の利益に対する費用なので、未払計上します。適正な会計処理のためにも、正確な税額計算が必要になります。

法人税等申告・納付の関係先

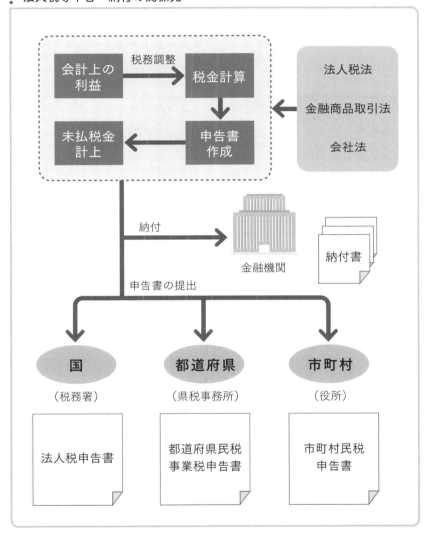

＊税務調整：会計上の費用・収益を税務上の損金・益金に調整して会計上の利益を所得金額へと調整すること。

＊グループ通算制度：完全支配関係にある企業グループ内の各法人が個別に法人税額の申告と納税ができ、損益通算（赤字と黒字を相殺すること）もできる制度。

52

消費税の申告とインボイス

◆ 控除対象の消費税額の承認にインボイスが必要

　消費税を正しく申告するためには、会計伝票を入力するときに**課税区分**を適切に入力することが必要です。

　消費税の申告期限は課税期間ごとにその末日から2カ月以内が原則であり、免税のほか課税期間の選択や仕入税額控除の計算など申告の特例の適用を受けた場合は3カ月以内です。

　消費税の納付税額は、課税売上等にかかわる消費税額から仕入にかかわる控除対象の消費税額を控除した金額です。**控除対象の消費税額は、原則として「インボイス（適格請求書）」を保存していなければ仕入税額控除が認められません**。ただし、税負担や事務負担を軽減するために様々な経過措置が設けられています。

　インボイスとは消費税の登録番号や取引価額、消費税額や適用税率等を記載した請求書、納品書、その他これらに類する書類のことです。発行できるのは適格請求書発行事業者として登録を受けた事業者です。

　消費税には、免税、課税期間の選択、簡易課税制度など様々な特例があります。課税事業者に該当しなくても課税仕入が大きいと予測される場合は課税事業者を選択したほうが有利になる場合もあります。

　課税事業者の選択や簡易課税制度などの特例を受けるには、事前に届出が必要です。

　以上のように、経理の実務には消費税に関する知識が欠かせません。

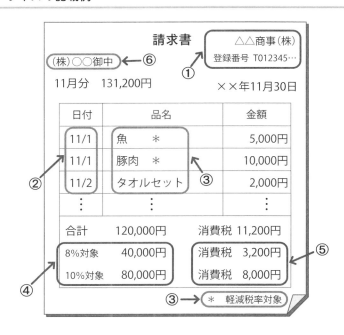

インボイス（適格請求書）に記載する必要事項

① インボイス発行事業者の氏名または名称と登録番号

② 課税資産の譲渡（商品やサービスの受け渡し）等を行った年月日

③ 課税資産の譲渡等にかかわる資産または役務の内容（課税資産の譲渡等が軽減対象課税資産の譲渡である場合には資産の内容及び軽減対象課税資産の譲渡等である旨）

④ 課税資産の譲渡等の税抜価額または税込価額を税率ごとに区分して合計した金額及び適用税率

⑤ 税率ごとに区分した消費税額等

⑥ 書類の交付を受ける事業者の氏名または名称

出所：国税庁『適格請求書等保存方式の概要　－インボイス制度の理解のために－』
　　　（令和5年7月）

53 インボイスの対応と
デジタルインボイス

● インボイス制度への対応

消費税は売上や収入で受け取った仮受消費税から仕入や経費で支払った仮払消費税（仕入税額）を控除して納税額を計算します。仕入税額を控除するためにはインボイスを受領して保存しなければなりません。そのため、**経理では請求書や領収書を受け取ったときにインボイスの要件を満たしているか否かの確認作業が必要**になります。**特に重要なのが、登録番号の記載の有無と確認、インボイス（適格請求書）の保管と管理**です。

● デジタルインボイス

インボイスは電子データで提供することもできます。**「紙」のインボイスを電子メールやインターネット上、あるいは EDI 取引** *など**「電子化」して提供するものが「電子インボイス」**です。その電子インボイスのうち、**データを Peppol** *という**標準化した仕様にしてシステム間でやり取りできるものを「デジタルインボイス」**といいます。書類の授受、処理を書類の発行元と受領先双方でデジタル化する処理です。

経理の実務ではインボイスは紙、メール添付等で送られてくる PDF、EC サイト等で提供される電子データ、そしてデジタルインボイスなど様々な形式のものが混在することになります。それぞれの形式に応じて、インボイスの要件が満たされていることを確認し、効率的に仕訳情報に転換して会計システムに入力するとともに、**電子帳簿保存法の条件を満たすように保存**することが経理の仕事になります。

電子インボイスとデジタルインボイスの関係

インボイス
売手が買手に対して、正確な適用税率や
消費税額等を伝えるもの

電子インボイス
紙のインボイスをデータ化したもの

デジタルインボイス
一定のルールに従って統一された
規格の電子インボイス

電子インボイス

売手と買手のやり取りは電子化だが、経理システムへの
登録は担当者が行う

デジタルインボイス

売手と買手のやり取りが双方の経理システムによってデ
ジタルデータで自動処理される

＊ EDI 取引：企業や行政機関が文書や伝票をコンピュータネットワーク上で自動的に交換する
　取引。EDI(Electronic Data Interchange) とは電子データ交換という意。
＊ Peppol：デジタル化された文書をインターネット上でやり取りするための国際規格。利用す
　るには各社が提供しているアクセスポイントに接続する必要がある。このアクセスポイントは
　相互接続されており、文書のフォーマットなどが定められている。

54 監査業務への対応

◆ 監査役監査と会計監査

　会社に対する法定監査には、**会社法による監査**（会社法監査）**と金融商品取引法による監査**（金商法監査）があります。会社法監査では会計監査人による会計監査と業務監査が、金商法監査では監査法人もしくは公認会計士による会計監査が行われます。

　上場会社などは投資家保護を主目的として金融商品取引法に基づいて監査法人または公認会計士の監査を受けなければならず、加えて「内部統制報告書」に対する監査も必要です。

　会社法監査における**会計監査は、財務諸表が会社の財政状態と経営成績を適正に表示しているどうかを証明するために**行われます。そして**業務監査は、取締役の職務の執行が法令・定款を遵守して行われているかどうかを監査**することで、「適法性監査」とも呼ばれています。

　会計監査の実施時期には、期中監査と期末監査があります。期中監査は一般に四半期ごと（中間監査を含む）に、期末監査は決算期末後に実施されます。いずれも前期からの会計・監査上の懸案事項や内部統制上の問題点の改善状況そして監査で新たに発見した事項などが監査事項になります。経理部は、効率的に期末監査を受けられるよう、計算書類などの作成期間と監査期間を調整していかなければなりません。

　監査の結果は、監査役または監査役会の監査報告、監査法人または公認会計士の監査報告に記載されます。監査報告に何らかの意見が付記された場合は財務諸表に問題があることになるので、監査報告の提出前にできるだけ問題を解決しておかなければなりません。

| 計算書類の作成 | 担当取締役等

（会計参与設置会社の会計参与、指名委員会等設置会社の執行役を含む） |

| 監査機関への
提出と監査報告 | ■会計監査人設置会社

　①会計監査人の監査報告
　　…計算書類受領日から４週間
　②監査役の監査報告
　（指名委員会等設置会社の監査委員を含む）
　　…会計監査報告日から１週間

　　　　　　　　　　　　　　　　（計５週間）

■会計監査人非設置会社

　監査役の監査報告
　　…計算書類受領日から４週間 |

| 取締役会の承認 | 承認後、株主招集の議決 |

| 株主総会の
招集通知発送 | ■公開会社

　…株主総会日の２週間前まで

■譲渡制限会社

　…株主総会日の原則１週間前まで |

| 株主総会 | 決算日（基準日）より３カ月以内 |

＊会計監査人設置会社：会計監査の権限を有する公認会計士または監査法人が就任する会計監査人を置く株式会社または会社法での規定により会計監査人を設置する株式会社。

＊会計参与設置会社：公認会計士または税理士が取締役と共同して計算書類を作成する機関を設置する会社。

55

株主総会への対応

◆ 開催通知、経理関係書類の準備、想定問答の準備、公告等

　会社法には直接の規定はないものの、**株主総会の基準日**＊**の関係から通常は定時株主総会は決算期の3カ月以内に開催**することが定款に定められています。

　定時株主総会の開催にあたっては、**原則としてその2週間前までに株主へ招集通知を発送**しなければなりません。この招集通知には、**事業報告、計算書類**（貸借対照表、損益計算書、株主資本等変動計算書）、**監査役及び会計監査人の監査報告を添付**します。さらに、**株主数1000人以上の会社では議決権行使の参考書類の添付**が必要となります。

　定時株主総会の目的事項には、株主に報告する**報告事項**と株主の承認を得なければならない**決議事項**があります。会社の計算書類について会計監査人の会計監査報告で無限定適正意見＊を受けており、かつ監査役の監査報告でも特段の意見がない場合は報告事項となり、それ以外の場合は決議事項となります。

　経理部では、計算書類や経理に関する問題に対する株主総会での質問を想定し、回答を準備しておくことが必要となります。

　なお、**附属明細書**は、招集通知の添付書類ではなく、総会の2週間前までに会社の本支店に備え置き、株主または債権者の請求があったときにその閲覧や謄抄本の交付に応じることとされています。

　また、**定時株主総会後遅滞なく、官報など定款で定める方法またはホームページ等への掲載により、貸借対照表**（大会社では損益計算書も含む）**を公告**しなければなりません。

定時株主総会開催の2週間前までに発送

書　類	上場会社	非上場会社	
		株主数 千人 以上	株主数 千人 未満
事業報告	○	○	○
貸借対照表	○	○	○
損益計算書	○	○	○
株主資本等変動計算書	○	○	○
会計監査報告 （会計監査人 設置会社のみ）	○	○	○
監査報告	○	○	○
議決権行使書面＋参考書類	どちらか 選択	○	選択可
委任状＋参考書類＊		×	×

＊上場会社で議決権の代理行使を勧誘する場合（金融商品取引法等 194 条および
「上場会社の議決権の代理行使の勧誘に関する内閣府令」参照）

＊株主総会の基準日：会社法に規定されている、株主としての権利を行使する者を定める一定の
日。
＊無限定適正意見：企業の財務諸表や内部統制報告書を監査した会計監査人がそれらの内容が適
正なものだと監査報告書の中で表明する監査意見。

56

連結決算の手続き

◆ 連結財務諸表の作成

連結決算とは、子会社（親会社の株式保有比率が 50% 以上）及び関連会社（親会社の株式保有比率が 20%以上）を含めた企業グループを 1 つとみなして決算を行う会計手法のことです。

会社とは法的な概念であり、会社法では会社を単位として決算が行われ、子会社や関連会社は法的に別の会社であって、これらの会社はそれぞれ個別の決算を行います。

しかし、経済実態から見ると、子会社は親会社の部門と何ら変わりなく、人事や戦略的な事情などにより法的に異なる会社としているだけです。会社の実態を把握するためには、法的な単位を離れて経済実態に応じた会計情報として連結決算が必要となるわけです。

連結決算の手続きでは、連結対象子会社の個別の財務諸表を合算し、投資勘定と資本勘定、債権と債務、売上高や仕入高などの相互の取引や残高を相殺消去し、これらの会社間の取引で発生した損益で資産の帳簿価額に含まれている未実現損益***を消去し、連結財務諸表を作成**します。また、**関連会社については持分法*****とよばれる方法を利用**します。

金融商品取引法では、連結財務諸表が主体となる連結決算主義が採用されています。**連結決算の効率化のためには、グループ内の連結体制の整備や国際化に伴い、重要性が増した海外子会社等の決算を迅速化**しておくことが重要です。

⋮ 連結決算の流れ

子会社等からの情報の収集	連結財務諸表の作成に必要な資料を収集 ●連結範囲判定のための情報（株式や役員の情報など） ●個別財務諸表

連結範囲の決定	非連結子会社と関連会社は持分法によって投資勘定を評価

個別財務諸表を合計	連結調整前の財務諸表を作成

連結修正仕訳の作成	グループ内の取引を相殺 ●投資勘定と資本勘定の相殺消去 ●債権と債務の相殺消去 ●未実現利益（グループ内取引で利益になっていないもの）の消去

連結財務諸表の作成	●連結貸借対照表 ●連結損益計算書 ●連結包括利益計算書 ●連結株主資本等変動計算書 ●連結キャッシュフロー計算書 ●連結注記表

＊未実現損益：連結グループ内での取引では損失また利益として認識されていても、グループ外での取引が発生していないため、グループの損益としては実現されていないもの。

＊持分法：投資会社が被投資会社の純資産及び損益のうち投資会社に帰属する部分の変動に応じて、その投資の額を連結決算日ごとに修正する方法。

57

有価証券報告書の作成

◆ 財務情報に加え、非財務情報の記載に留意

　上場会社など金融商品取引法の規制を受ける会社は、**金融商品取引法第24条**に基づき、投資家に対するディスクロージャーとして、毎決算期後3カ月以内に**有価証券報告書**を内閣総理大臣に提出しなければならないとされています。

　有価証券報告書には、会社法の事業報告や計算書類と比較して、かなり詳細な企業情報が記載されます。具体的には「企業内容等の開示に関する内閣府令」に規定されています。

　経理実務では、まず、社内的な勘定科目による財務諸表を作成し、勘定科目の組み替えを行う組替表から会社法の計算書類と有価証券報告書の財務諸表を作成します。

　有価証券報告書には、財務諸表等財務情報に加えて、様々な非財務情報を記載しなければなりません。特に、**グローバル経営などにより、ガバナンスやリスク管理などの「サスティナビリティに全般に関する開示」、人材の育成や多様性などの「人的資本、多様性に関する開示」のほか、女性管理職比率等への注力**が必至になってきています。

　経理部でもこうした要件に関する情報収集が滞りなくできるよう、日頃から関係部門との調整や情報整備が求められます。

　なお、**有価証券報告書の提出義務がある1年決算の会社は、上期6カ月間の中間財務諸表などを記載した半期報告書も中間期末後3カ月以内に提出**しなければなりません。このため、年度決算だけでなく中間決算の手続きが必要となります。

有価証券報告書の記載項目と内容

企業情報

企業の概況	主要な経営指標の推移、事業の内容、関係会社・従業員の状況など
事業の概況	業績等の概要、対応すべき課題、研究開発活動など
設備の状況	設備投資の状況や計画など
提出会社の状況	株式等の状況、配当政策、株価の推移、役員の状況など
経理の状況	連結財務諸表、個別財務諸表、監査報告書など
提出会社の 株式事務の概要	株式事務の取扱銀行など
提出会社の 参考情報	当期中の開示資料など

今後注力すべき開示情報

サステナビリティ
情報＊

人的資本・多様性に
関する情報

女性管理職
比率等

＊サステナビリティ：社会的・環境的な持続可能性と経済成長を両立させる概念

58

税務調査への対応

◆ 申告納税制度における税務調査

　日本では納税者が自分で申告書を作成・提出・納税する**申告納税制度**です。申告納税制度では、納税者の申告の適否をチェックするため、税務当局による税務調査が行われます。会社の規模、業種、業績、従来からの会社の経緯などによりその頻度は異なります。

　修繕費、交際費、売上や経費の計上時期のずれなどが否認されやすい項目です。

　また、単純なミスや不正な行為によるものを除いて、**事実認定の違いによるいわゆる「見解の相違」が多く、税務調査で否認されないためには、税法の知識を深め、証拠資料の保存と理論武装をしておくことが重要**となります。

　そして、**証拠資料の保存方法は電子帳簿保存法に準拠**しなければなりません。税務上法令や通達から判断しにくい事項で、否認されたときの影響が大きいものについては、税務当局への事前相談をしておくことがよい場合もあります。

◆ 消費税への対応に留意

　法人税の調査と同時に消費税の調査も行われるので、消費税への対応の事前準備も必要です。

　インボイス制度により消費税では適格請求書の確認と保存が重要になり、発行あるいは受領したデータは電子帳簿保存法に対応したデータ保存が原則になりました

税務調査の項目別留意点

項目	留意点
債権	貸倒処理の妥当性
在庫	期末評価の妥当性
	簿外在庫の有無
設備	耐用年数の妥当性
	修繕費と資本的支出の区分の妥当性
	リース処理の妥当性
金融資産	期末評価の妥当性
	保険の会計処理の妥当性
売上	売上計上時点の妥当性
	簿外売上の有無
売上原価	費用収益の対応の有無
人件費	役員報酬の妥当性
	給与以外の経済的利益の処理の妥当性
	架空人件費の有無
経費	費用計上時点の妥当性
	架空経費の有無
海外取引	売買価格や取引条件の妥当性

俯瞰力
会計数字の俯瞰習慣から身につく経営的視点

俯瞰とは、高いところから全体を概観することです。緻密に会計数字を確認する経理においても、全体を包含するような視点も重要ですが、そうした見方ができる力が俯瞰力です。

ふだんの経理実務は数字を合わせることに集中しますが、最終の数字を経営者の視点で冷静に見ることも必要です。個々の事象だけでなく、会計情報を会社全体の視点で見る習慣です。

例えば、貸借対照表は現金や預金の金額を細かく合わせることも大切ですが、まずは総資産を見るようにします。総資産の増減の推移を見ながら、その要因は何かを推測します。

このような見方をすることで会計数字が経営的にどんな意味があるのかが具体的に見えてきます。これを習慣化することで、どの事業が儲かっているのか、これから伸びる事業はどれでどのくらいの設備投資が必要か、資金は不足しないか、資金調達は可能なのか、どの資金調達法がいいのかといったことが自然に考えられるようになります。

資金管理の基本と実務

59

資金と利益

　会社にとって、**資金**は最も重要なものです。資金がなければ事業を始めることはできないですし、事業を行っているときに資金がショートすれば倒産の恐れがあります。

　資金は経営にとってこれほど重要な要素であるにもかかわらず、貸借対照表や損益計算書には資金の収支に関する情報は記載されていません。**現在の財務会計は、発生主義によって損益計算書を作成することが主目的のため、資金が増減した理由など資金に関する情報は直接的に入手できないという欠陥がある**からです。なお、発生主義とは、会社の取引を実際の現金の授受ではなく、商品の引き渡しなどモノの移動や権利の発生時に計上する方法のことです。

　一方、**資金は現金の授受の事実による現金主義で計上**されます。

　このように、**利益（収益と費用）の計上時点と資金の入出金の時点がずれることから、利益と資金のギャップ**が生じます。

　また、利益は売上計上時期などの会計方針や費用や損失の発生時期の判断により異なることがあるので、1つの見解という面がありますが、資金の残高は会計方針などに関係なく、客観的事実です。

　こうした弊害を解決するために、**上場会社には貸借対照表、損益計算書に次ぐ第3の財務諸表としてキャッシュフロー計算書の作成が義務**づけられています。キャッシュフロー計算書を作成することで、会社がどのように現金を生み出し、使用し、残したかという資金情報を直接入手することができます。

⁝ 資金の位置づけ

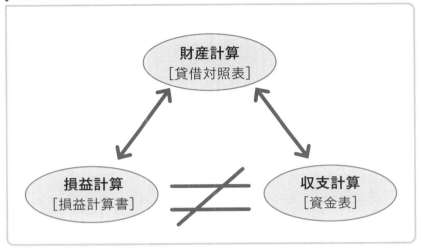

⁝ 資金と利益の差異

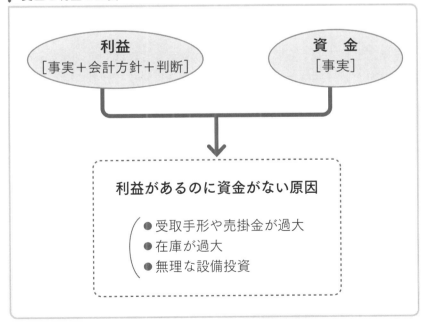

60 キャッシュフロー計算書と
資金繰り表

◆ 資金管理の基本資料

資金管理に利用される財務諸表や計算書類の代表的なものが、キャッシュフロー計算書と資金繰り表です。

①キャッシュフロー計算書

上場会社に作成が義務化されている財務諸表の１つです。資金収支を以下の３つに区分して表示します。

営業活動によるキャッシュフロー：営業活動における収入と支出

投資活動によるキャッシュフロー：資産の購入または売却、投資等

財務活動によるキャッシュフロー：株主配当、株式の発行。借入金返済や新規借入、債券の発行等

営業活動によるキャッシュフローの表示方法には、収入と支出を総額で表示する「直接法」と、当期純利益から調整して表示する「間接法」があります。国際会計基準(IFRS)では直接法が採用され、表示方法も日本基準とはやや異なります。

②資金繰り表

社内管理用として作成する資金表です。特に決まった様式はありませんが、営業収支とその他の収支など損益計算書の区分に近い形の作成が多く見受けられます。

会社が資金ショートを起こさないために、またタイムリーに資金調達するために、３カ月から６カ月先までの予定表は必須であり、一定規模以上の会社であれば必ず作成しています。

Ⅰ 営業活動によるキャッシュフロー（直接法）	
営業収入	× × ×
原材料又は商品の仕入支出	－ × × ×
人件費支出	－ × × ×
……	
小計	× × ×
……	× × ×
法人税等の支払額	－ × × ×
営業活動によるキャッシュフロー	× × ×
Ⅱ 投資活動によるキャッシュフロー	
有価証券の取得による支出	－ × × ×
有価証券の売却による収入	× × ×
有形固定資産の取得による支出	－ × × ×
有形固定資産の売却による収入	× × ×
……	
投資活動によるキャッシュフロー	× × ×
Ⅲ 財務活動によるキャッシュフロー	
短期借入による収入	× × ×
短期借入金の返済による支出	－ × × ×
……	
財務活動によるキャッシュフロー	× × ×
Ⅳ 現金及び現金等価物に係る換算差額	× × ×
Ⅴ 現金及び現金等価物の増減額	× × ×
Ⅵ 現金及び現金等価物期首残高	× × ×
Ⅶ 現金及び現金等価物期末残高	× × ×

資金表の作成方法による区分

1. 直接法	会計伝票や合計試算表などから作成するため、内部の資料がなければ作成できない。収入と支出の総額を表示できる。
2. 間接法	比較B/SとP/Lから作成するため、外部者でも作成できる。すべての収入と支出の総額は表示できない。

第5章　資金管理の基本と実務

61

資金管理の実務

◆ 日常の資金管理に関する業務

　会社は資金を媒介として、資材や設備の購入による支払をする一方で、売上代金の回収や借入によって入金をすることで、長期的にはプラスの収支を得ることを目的としています。よって、**経理部では資金が潤滑油のようにうまく流れるようにするために、日常の資金管理に関する入金と支払の業務を果たす責務**があります。

　入金については、売上の入金が期日どおりになされているかをチェックします。支出については、口座に残高があることを常に確認しながら支払漏れがないように業務を行うほか、電子の手形であるでんさい（電子記録債権）による取引の場合は支払期日（支払手形を振り出す場合は支払サイト）や金額をチェックしながら慎重に取り扱います。

◆ 中長期の資金調達に関する業務

　中長期の資金調達に関する業務では、**例えばボーナスの支給や納税など季節的な要因により、短期的に資金の不足が見込まれる場合は早めに金融機関に打診しなければなりません。** これらは通常３〜６カ月位の短期で返済されます。

　また、**会社の経営計画に基づく新工場設立や子会社の設立など長期の投資については資金の需要があらかじめ想定されることから、長期借入金や増資など長期的な資金を導入**することとなります。

　いずれにしろ、**過剰な投資を避けて、無理のない返済計画を立案することが経理部の腕の見せどころ**になります。

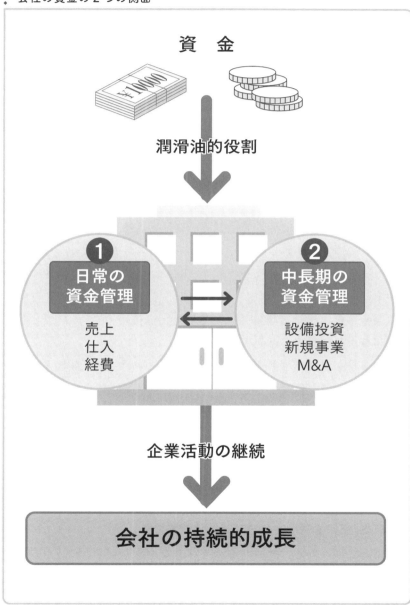

62 現預金の出納・経費精算の実務

◆ 日々の金銭の入金処理と出金処理

　会計責任者のことを古くは「金庫番」と表現しましたが、**金庫の中にある現金や預金通帳を管理しながら日々の金銭の「入金処理」と「出金処理」をすることが「出納業務」**です。

　キャッシュレス化に伴い現金による精算は少なくなっていますが、経費精算を現金や小口現金で行っている会社は多くあります。

　現金は残高管理が難しいので、**経費精算システム**を使って支払業務を銀行振込にしている会社も増えています。この場合は、**預金**による出納業務になります。

　現金や預金の出納業務は「入金処理と出金処理」「その結果としての現預金の残高管理」の仕事に区分することができます。

　会社によって違いはありますが、入出金の依頼者が入金は入金伝票、出金は出金伝票を作成して経理に持参もしくは伝送します。出納業務の担当者は、証憑によりその金額を検証し、責任者の承認など必要な社内手続きを確認のうえ、現預金の受払を行います。**毎日一定の時間に現預金の残高と出納帳の残高を一致させ、管理者の確認**を取ります。

　また、その結果を会計データに反映させて、証憑を整理保存します。

　現預金の出納業務は一件単純に見えますが、不正を防止し、会計処理の監査証跡*を残す会計処理の基盤業務**です。

　出納業務は、カード決済など決済方法の多様化による経費精算方法の見直し、電子帳簿保存法に伴う現金出納業務の効率化やシステム的な改善など、適宜環境変化への対応が求められます。

経費精算システムの仕組み

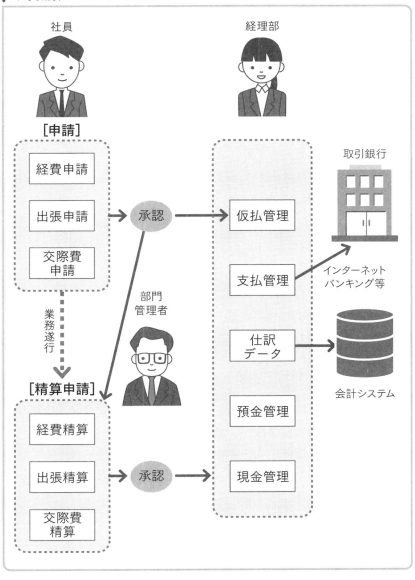

＊監査証跡：証拠となる情報について、いつどのように記録されたのかを記録したもの。

小切手・手形と でんさい（電子記録債権）

◆ 紙から電子へのシフト

小切手は、現金の代わりの決済手段です。現金より金額の確認が容易で、多額の現金をやりとりするよりも安全性も高いので、現金決済の簡易な方法として普及しました。

約束手形は、支払う側（振出人）が受取人に対して、指定した期日に記載された金額を支払うことを約した証書です。信用決済の機能があり、支払側は分割払いや後払いにできて、受取側も流通性が高く決済手段に利用できるため広く利用されてきました。

しかし、**振込のほうが容易なこと、不渡りなど事故の可能性があること、印紙税や割引料などコストが高いことなどの要因により手形の利用は大幅に減少しており、2026 年に廃止が予定されています**。

◆ でんさいのメリット

取引の DX 化の流れの中、**紙の手形や小切手の機能を電子決済サービスに切り替えた決済手段が「でんさい（電子記録債権）」です**。

でんさいは、全国銀行協会が設立した電子債権記録機関である全国電子債権ネットワーク（通称でんさいネット）が取り扱う電子記録債権であり、**電子的な記録により権利の内容を定めることで取引の安全性や流動性を確保し、利用者保護の要請に応えるものです**。

従来の手形は発行の手間や紛失の恐れなどがありましたが、でんさいはそうした問題点を解消し、領収書の発行にかかわる印紙税や郵送料などのコストを削減するメリットもあります。

電子記録債権の取引の仕組み

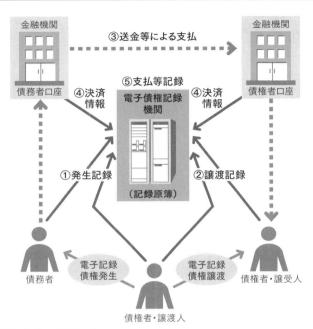

■電子記録債権の発生 ①

債権者と債務者の双方が電子債権記録機関に「発生記録」の請求をし、これにより電子債権記録機関が記録原簿に「発生記録」を行うことで電子記録債権は発生する。

■電子記録債権の譲渡 ②

譲渡人と譲受人の双方が電子債権記録機関に「譲渡記録」の請求をし、これにより電子債権記録機関が記録原簿に「譲渡記録」を行うことで電子記録債権を譲渡できる。

■電子記録債権の消滅 ③、④、⑤

金融機関を利用して債務者口座から債権者口座に払込みによる支払が行われた場合、電子記録債権は消滅し、電子債権記録機関は金融機関から通知を受けることにより遅滞なく「支払等記録」をする。*

* 電子記録債権の「支払等記録」は、債権者または債権者の承諾を受けた債務者等が「支払等記録」を請求することにより行われるが、所定の契約を締結した場合には、当該者からの「支払等記録」の請求がなくても、金融機関から決済情報について通知を受けたときは、電子債権記録機関は遅滞なく支払等記録をしなければならないこととなっている（電子債権記録機関による同期的管理）。

出所：金融庁・法務省『電子記録債権　事業資金を調達するための新しい金融手段』パンフレットから作成

64

資金調達の実務

◆ 上場会社の資金調達

　資金調達の状況は、貸借対照表の右側にある負債と資本に示されています。負債は借入金や社債、資本は資本金や利益剰余金が代表的なものです。さらに、リースなど負債に計上されない取引や資産の売却や流動化など資産による調達も調達手段とみることができます。資金調達の方法は上場会社と非上場会社とでは大きく異なります。

　上場会社では、借入金・社債・増資など様々な選択肢があり、売掛債権や不動産についても証券化するなど流動化スキームを利用して資金調達ができます。

◆ 非上場会社の資金調達

　一方、非上場会社では、**外部資金の導入の前にまず、売掛金や在庫の圧縮、不要資産の売却など資産の圧縮、経費の節減などによりキャッシュフローを増やすことで社内留保金を多くすることが最優先**です。

　それに次いで銀行借入、さらに可能であれば**役員・従業員等からの増資の縁故募集や、金融機関を通じて社債を少数の投資家に引き受けてもらう私募債の発行などで外部資金を調達**します。

　そのほか、ベンチャーキャピタルや投資ファンドなどからの資金調達やクラウドファンディングなどがあります。

　資金の調達には時間がかかるので、資金需要を予測し、前もって準備しておかなければなりません。**経理部では、資金繰表を作成して、常に資金の動きを管理しておく**ようにします。

資産による調達

売掛金・在庫の圧縮	売掛金の早期回収、在庫の圧縮
資産の売却	不要資産を売却
資産の証券化	キャッシュを生む資産を有価証券にして売却
リースバック	不動産等の資産を売却し同時にそれを借りる金融取引

負債による調達

借入金		銀行等金融機関などから借り入れる債務
当座借越		当座借越契約を締結し、当座預金口座の不足分を自動的に借入
電子記録債権譲渡		記録原簿に譲渡記録を行うことで、でんさいを譲渡
コマーシャルペーパー		短期で資金調達するための無担保の約束手形
社債	普通社債	SB（Straight Bond）と称される、民間企業が資金調達のために発行する債権
	転換社債	CB（Convertible Bond）と称される、一定の条件で株式に転換できる権利が付与される社債

資産による調達

増資	株主割当	既存株主に持ち株数に応じて新株を割り当てる増資
	第三者割当	特定の第三者を対象に有償で新株を発行する増資
	公募	不特定かつ多数の投資家が株式を引き受ける増資
内部留保		当期利益のうち、社内に留保される部分
減価償却費		現金支出を伴わない減価償却費は社内に留保できるため、資金調達と捉えることができる

65

資金運用の実務

◆ 投資及び資金の返済も含めたバランスを考慮する

　資金の運用では、いわゆる財テクとしての余裕資金の運用や設備投資など事業への投資だけでなく、借入金や増資で調達した資金の返済を含めた貸借対照表全体のバランスを考慮することが大切です。

　事業への投資とは、設備投資やM&Aにより企業を買収することをいいます。会社の投資は事業の成長性や人的資本の増強など様々なメリットが期待できる一方で、経営環境の変化等による投資事業の悪化のリスクなどのデメリットをも考慮して決定されますが、やはり投資に対するリターンが基本になります。

　また、金融商品へ投資するよりも借入金を返済するほうが有利な場合など、調達した資金を返済することも資金運用と考えることができます。余裕資金があれば自己株式を取得することで敵対的買収の防止や株価の上昇など経営戦略上のメリットも期待できます。

◆ キャッシュフロー経営の重視

　さらに、キャッシュフロー経営の観点も重要です。

　会社の利益は売上や費用の計上時期をいつにするかといった会計方針や、損失が生じた時期がいつだったかというような事実を認識する時期によって異なりますが、キャッシュの残高は会計方針や判断に左右されません。

　そのため、**キャッシュフローを意識して資金の調達と運用をする経営にも注力**することが重要です。

資産による運用

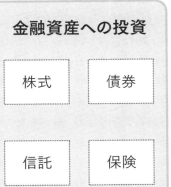

金融資産への投資

株式

債券

信託

保険

事業への投資

設備投資

研究開発投資

不動産投資

M&A

負債による運用

事業への投資

社債の償還

資本による運用

自己株式の取得

有償減資*

キャッシュフローも忘れずに！

*有償減資：資本金を減少させた結果生じた剰余金を株主に還元する目的で行う減資。

問題発見力

問題の兆候を発見し、問題を抜本的に解決する能力

　問題の原因がわかったら、半分解決されたようなものだと言われたりします。会社経理も会計情報に表れている問題を正しく認識して、まず問題の発生原因を明らかにする問題発見力が問われます。

　経理実務の現場は問題だらけかもしれません。出張してもいつまでも精算しない人や、請求書が届いているのに机に入れたままにして忘れる人がいたりします。あるいは、商品を渡したのに請求を忘れたりする人もいます。すべてを経理が解決するには無理がありますが、問題が発生しない仕組みを考えないと経理業務だけでなく経営にとっても問題です。

　会社にとっての最大のリスクは、「多額の損失が生じること」です。損失の金額が大きければ大きいほど、倒産に至る可能性も大きくなります。多額の損失はいきなり発生するのではなく、損失が出る兆候が必ずあるものです。常日頃、金額的に重要な取引には最大の注意を払い、事実関係を確認し、問題点を発見して報告する能力が欠かせませんが、それが問題発見力です。

第 **6** 章

管理会計の基本と実務

66 管理会計とは何か

◆ 将来の会社のあるべき姿を実現するための意思決定に資する会計

管理会計とは企業や経営者が意思決定を行うための会計です。「未来会計」ともいわれ、過去の財務状況がどうだったかではなく、「**将来どういう会社にしたいのか、そのために今何をしなければならないのか」という意思決定を促すための会計手法**です。

また、実績を評価し経営者や管理者、あるいは社員1人ひとりに対しても計画や統制に必要とされる会計情報を提供するための制度でもあります。

計画や統制の対象に限定はありません。会社全体、部門、組織が中心になりますが、経営的な観点からの調査・分析においては、組織を横断した各事業の機能（生産、物流、開発など）、または社員を単位に区分したグループ、あるいは社員個人の業績になる場合もあります。その対象期間も過去（日、週、月、四半期、半期、年）から数十年先まで様々です。会計情報の範囲も、単に金額計数だけではなく、販売数などの物量、生産性測定のための人数、あるいは人材の定性的な評価など多面的であり、限定されていません。

そのような業務の性質上、マーケティング、組織人事、経営管理、経済理論など幅広い分野の知識が関連します。よって、**管理会計の知識は、いろいろなことに興味と関心を持ち、多様な情報に接していくことで育まれていく性質のもの**です。事業や企業そのものの成長のための意思決定の会計である管理会計は、ステークホルダーに正確に数字を報告するために資する複式簿記の発想から離れることも必要です。

管理会計は「未来のための会計」

財務会計		管理会計
利害関係者に財務状況を報告するための社外向け会計	過去から未来へ	自社の今後の経営に活用するための社内向け会計

業績報告　　　　　予算管理

	財務会計	管理会計
目的	業績報告	経営管理
対象	外部のステークホルダー	社内のマネジメント層
内容	会計制度に従った、財務諸表に関する会計情報	経営方針に従った、経営管理に関する会計情報
時期	会計期間ごと	特に定めがない
作成基準	企業会計原則	自社のルール

第6章 管理会計の基本と実務

この違いをよく理解しよう！

67 経営分析

● 経営管理のための自社と外部競争環境の分析

　経営者や管理者が経営実態を把握し、それを今後の事業活動に活用するうえで、まずは自社の経営についての正確な現状把握が必須です。それには、経営を取り巻く外部環境や同業他社など競争条件の分析も必要です。つまり、**自社や他社の実態把握が経営分析の基本**です。

　また、**経営分析は取引先の与信限度管理、自社の計画策定、投資の意思決定などにも必要とされ**、さらに買収調査や営業譲渡、関係会社整理など事業構造の再構築や再編計画にも**経営分析**が行われます。

　そして、経営分析の方法は、主として以下の３つに分類できます。

①**財務諸表分析**：決算書や有価証券報告書などから経営状況や財務状態を分析。

②**調査報告分析**：調査会社に調査を依頼して、そのレポートをもとに実態を分析。

③**デューデリジェンス**：デューデリジェンス（Due Diligence；適正評価手続き）とは投資先の価値やリスクを調査すること。買収調査や資本参加など本格的な調査を法務及び財務の面から弁護士事務所や監査法人に調査を依頼し、その結果に基づいて分析。

　いずれにしても、**経理部は経理情報の専門家そして当事者として情報分析や意思決定のための助言をする役割**があります。

　なお、財務諸表分析では収益性、流動性、安全性、生産性、成長性などの判断材料として経営指標が用いられます。

自社内部及び外部の環境分析項目（例）

内部環境	外部環境

内部環境
- 人材や組織の特徴
- 商品
- 技術力
- ノウハウ
- 人脈（ネットワーク）
- 特許
- 顧客数
- 拠点

外部環境
- 政治動向
- 法律や規制
- 経済や景気状況
- 内外の社会的動向
- 技術革新動向
- 市場や業界動向
- ユーザーニーズ

主要な経営分析指標

項　　目	内　　容
収益性	
総資本利益率	総資本に対してどのくらい利益を上げたか
総資本回転率	資本が売上にどのくらい有効活用できているか
売上高利益率	売上高に占める利益の割合はどれくらいか
自己資本利益率	自己資本に対してどのくらい利益を上げたか
安全性	
流動比率	流動資産で流動負債を支払う能力があるか
自己資本比率	使用している総資本のうち自己資本はどの程度か
固定比率	固定資産は自己資本でどのくらい調達しているか
固定長期適合率	固定資産の不足資金は長期負債で補っているか

68

限界利益と損益分岐点

◆ 事業の利益創出に必須の管理会計上の指標

　売上を計上するために支払わなければならないすべての費用を会計的には「総費用」といい、総費用は〔変動費＋固定費〕で求められます。

　そして、「変動費」とは売上に比例して増減する費用のことであり、「固定費」とは売上とは直接的には比例していない費用のことです。変動費は商品仕入や原材料費、固定費は役員報酬や従業員給与などの人件費、家賃などが代表的なものです。

　また、売上から変動費を差し引いた管理会計上の指標を「限界利益」といい、限界利益は〔売上－変動費〕もしくは〔固定費＋利益〕で求められます。採算をとる、つまり利益を出すには固定費を上回る限界利益が必要になりますが、売上と総費用が等しくなり、損益がゼロの売上を「損益分岐点売上高」といいます。

　損益分岐点売上高は、固定費を限界利益の売上に対する比率（限界利益率＝限界利益÷売上）で除すことにより算出（〔固定費÷限界利益率〕）します。

◆ 損益分析点分析

　そして、損益分岐点をもとにした損益分析点分析は製品やサービスを生み出すために要する費用とその売上から利益を算出するための指標として活用されるため、目標利益を捻出するための対応策の検討や投資の意思決定など業績管理上のリスク管理には欠かせない経営管理のための分析手法の１つです。

固定費・変動費と損益分岐点

①固定費

金額　数量

例：1個1,000円の商品を売る場合

単位：円

	10個の場合	20個の場合
1個あたりの固定費	500	250
固定費	5,000	5,000

②変動費

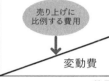

金額　数量

	10個の場合	20個の場合
1個あたりの変動費	300	300
変動費	3,000	6,000

③総費用

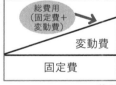

金額　数量

	10個の場合	20個の場合
1個あたりの固定費	500	250
1個あたりの変動費	300	300
1個あたりの総費用	800	550
固定費	5,000	5,000
変動費	3,000	6,000
総費用	8,000	11,000

④損益分岐点

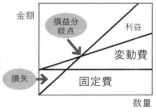

金額　数量

	10個の場合	20個の場合
1個あたりの売値	1,000	1,000
1個あたりの限界利益	700	700
1個あたりの利益	200	450
売上	10,000	20,000
限界利益	7,000	14,000
利益	2,000	9,000

売上が2倍になると
利益が4.5倍になる！

69

原価管理の実務

◆ 最少の支出で目標を達成する

原価は、集計する原価の範囲に応じて、「総原価（全部原価）」と「部分原価」の2つに区分されます。総原価は製品やサービスに関連するすべての費用を包括する概念です。製造原価、販売費用、一般管理費用、開発費用、金利費用をすべて合算して計算します。

部分原価は総原価のうち一部分のみを集計したものですが、**原価管理でよく使われるのは生産数量に応じて増減する原材料費や労務費などを集計した「直接原価」**です。

原価管理とは、企業活動において最少の支出で、顧客の満足度・品質・数量・時間などの目標を達成できるように管理することです。管理会計部門は、全社的な観点から総原価を管理します。実務では、①目標の設定、②実行、③結果の分析・評価、の3段階で行います。

①目標の設定は、まず各部門が計画の前提となる販売（生産）数量や売価を決定し、その数量に応じて部門としての目標原価を策定します。管理会計部門は、各部門間を調整する機能を担います。②実行では、目標に対する達成度合いを測定し、達成のための計数的資料を提供します。そして、③結果の分析・評価では、目標原価と実績原価を比較検討し、その差異の内容や責任の所在を明確にしたうえで、問題点を発見して改善策につなげていきます。

製造原価では、「標準原価計算」が利用されます。これは**製品別の目標原価を材料費、直接労務費、直接経費、製造間接費に区分し、実際原価と差異分析を行い、対応策を検討して原価の低減を図る手法**です。

総原価の構成要素

製造原価	直接材料費、直接労務費、製造費用
販売費用	営業員給与、広告費、販売促進費、交際費、その他販売費
一般管理費用	会社全体の管理費、会社全体の運営費、法務関連費、その他の管理費
開発費用	新製品の研究開発費、部品の改良費、新サービスの研究開発費、サービスの改良費
金利費用	利息費用、社債発行費

原価管理の手順

①目標の設定	各部門が計画の前提となる販売数量や売価を決定し、その数量に応じて部門としての目標原価を策定

②実行	目標に対する達成度合いを測定し、達成のための計数的資料を提供

③結果の分析・評価	目標原価と実績原価を比較検討し、その差異の内容や責任の所在を明らかにし、問題発見・解決・改善につなげる

70

利益管理の実務

◆ 利益計画を全社的に推進する方策の立案と実行支援

　一定の利益目標を設定して営業活動を遂行するために年次予算が設定されます。**利益管理**は、その予算の執行状況を統制することにより行われます。ここでいう統制とは、単に各部門の予算の達成状況をまとめるという意味ではありません。各部門は、部門の目標を達成するために対応策を検討します。**管理会計部門は、ゼネラルスタッフ（経営者の参謀）として、その対応策をもとに、会社全体の業績を予測し、当初の利益計画を「全社として達成するための方策」として立案し、経営的意思決定を補助する機能を担う**ことになります。

　通常、予算は市場や経済環境及び競争関係を分析し、経済成長率や市場の伸び率、あるいは為替相場などの外部環境について一定の前提を設定して各部門の見積もりや施策を織り込んで策定する「**達成目標**」という側面と、会社が今後成長発展していくための「**必要利益**」という側面の二面性を伴っています。また、年度単位で設定するため、経済環境などその前提事項が大きく変化することもありえます。

　会社は、各部門の目標と責任範囲を決めて、その遂行状況を確認しながら環境変化に応じて柔軟に対応することが必要ですが、最低限の利益が確保できないと事業活動に支障をきたすことになります。

　利益管理で大切なことは、各部門の当事者が自発的に部門利益を達成し、全社の利益管理に積極的に取り組む企業体質です。そこで、管理会計部門は、社員一人ひとりが利益創出に寄与できる仕組みづくりを考えなければなりません。

利益管理の流れ（例）

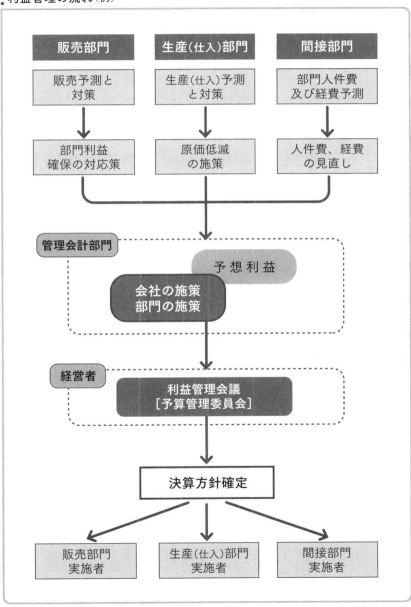

71

全部原価計算と
直接原価計算の利益の違い

◆ 財務会計の全部原価計算、管理会計の直接原価計算

　財務会計における原価計算制度では、製造に要した材料費・労務費・経費のすべてを加算して製品原価を算出する「全部原価計算」が採用されます。ただし、全部原価計算では売価を設定するための単位あたりの原価は固定費があるため、生産数量によって大幅に変わってきます。

　そのため、全部原価計算では製品があまり売れなくても在庫を増やして生産数量を大きくすれば製品原価が下がり、利益が出ることになります。これは、当期の労務費や製造経費などの固定費が棚卸資産（在庫）として次期以降に繰り延べられるためです。

　ところで、在庫が当期と同じ価格ですべて売れる保証はありません。商品の単位あたりの原価は生産数量によって変わってくるため、全部原価計算では値引き販売などで価格が変わる場合、利益予想が困難です。

　そのため、**経営管理における利益計画の策定や利益管理を目的として、限界利益の考え方を応用した「直接原価計算」という手法が用い**られます。

　直接原価計算では原材料費など変動費のみを原価とし、売上から変動費を差し引いた限界利益から労務費・販売費・一般管理費などの固定費を差し引いて利益を算出します。在庫は直接原価で評価するため、全部原価で評価する財務会計の利益と通常は一致しません。

　このように、直接原価計算は採算性を見るための手法であるため、新製品の価格設定や販売計画を検討する場合などに利用されます。

全部原価計算と直接原価計算の違い

	全部原価計算	直接原価計算
目的	●財務報告のための正確な原価計算（＝財務会計）	●原価と利益の分析から製品の採算性を検討するなど内部管理のための短期的な利益計画の策定（＝管理会計） ●目標利益を達成する販売量やコストダウンの策定等
特徴	●製造原価（原材料費・労務費・経費）のすべてを製品原価とする ●発生した変動費と固定費はすべて公平・正確に製品に配分する	●変動費（原材料費）のみを製品原価とする ●製造現場で発生した固定費は売上原価と在庫に配分しないで、変動費を直接原価とする
計算方法	変動費＋固定費＝全部原価 ↓ 売上高－全部原価＝利益	売上高－変動費＝限界利益 ↓ 限界利益－固定費＝利益
相違点	●原材料費・労務費・経費のすべてを製造原価として集計	●固定費を、売上原価と在庫の製品や仕掛品に配分せず、変動費のみを製品1個の評価額として集計

72 中期経営計画の策定

◆ 支出に対する見積もりの検討

　会社の経営とは、計画的に進められるものです。特に、新工場の設立や生産用の機械や設備の新規の購入、海外子会社の設立などは事前にかなりの準備期間が費やされます。

　また、次年度はどのくらいの社員を雇用するのかとか、研究開発に向けての投資はどのくらいにするかなど、先々に支出を伴う事項を計画として取り込みます。

　そして、その支出をカバーするためには、どのくらいの収入を見込めばよいのかを計画しておかなければ、安心して経営ができないことになります。

　経理部では、この設備投資の話が出たら、どうやって資金繰りをするのか、どこから資金の調達をするのか、設備投資でいくらコストは低減されるようになるのか、その設備で納税額に与える影響はいくらか、利益はどのくらいの上積みがあるのか、メンテナンスや追加的な人件費コストはいくらかなどを検討しなければなりません。

　この結果を中期経営計画に織り込むのです。その意味で、将来の中期間を見越した中期経営計画は重要です。

　中期経営計画は、通常３年から５年をサイクルとしており、１年を経過するごとに見直しを行います。

　今日のように経営環境の変化が激しい中にあっては、各年度ごとに１年間の実績を検証して、事業展開や製品計画あるいは財務体質など、常に３年ないし５年先を見るという姿勢が求められます。

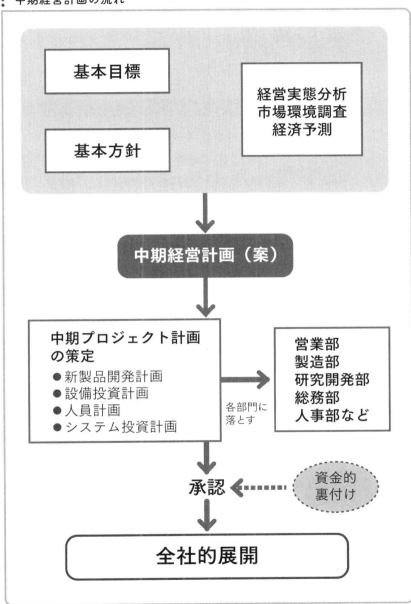

73

予算の編成

● トップダウン方式とボトムアップ方式

　中期経営計画を受けて、これを単年ベースに引き直したものが**年次予算**ということになります。この予算は全社的に伝達され部門ごとに分解され、会社つまり役員、社員の短期的な目標となります。この予算編成の作業は、3月決算の会社では、遅くとも年が明けるとすぐにとりかからなければなりません。

　予算の編成方法には部署ごとにトップマネジメントから指示される**トップダウン方式**と各部署からの積み上げの**ボトムアップ方式**があります。会社がある程度の規模になると、トップダウン方式とボトムアップ方式双方の長所を織り込み、計画策定の手順を決めます。全社としての目標や考え方を明確にし、方向性を一致させる必要があるとともに、社員が主体的に参画できる仕組みがなければ実際の行動になかなかつながらないためです。

　一般的には、まず経営者が会社全体の目標や計画策定の方針を示し、その方針に沿って各部署で部門の計画案を作成し、各部署間の調整を行うといった方法がとられています。

　年次予算の内容は、会社の経営方針、製品（商品）別売上計画、全社損益計画、資金予算、人員計画、資本的支出（設備、拠点など）計画、部門別損益計画（予算）などから構成されます。 また、年度予算策定後、その予算を月別に分解して月次予算を設定します。

　期中においては、月単位の予算によってその進捗度や、達成率を指標として事業活動につなげていくことになります。

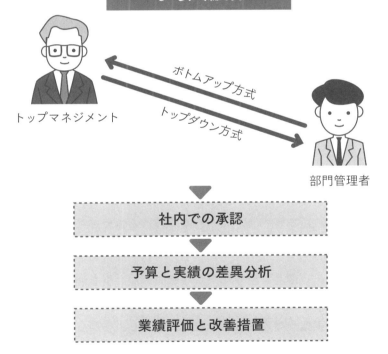

予算編成の条件

① 経営管理組織の確立

② 実績数値の報告体制の確立

③ 社内の予算に対する十分な理解

以上を前提に…

予算編成

トップマネジメント

ボトムアップ方式

トップダウン方式

部門管理者

社内での承認

予算と実績の差異分析

業績評価と改善措置

第6章 管理会計の基本と実務

74 業績評価会計の実務

◆ 業績評価会計とは

　業績評価会計とは、会社の部門や組織の業績を測定し、評価するための会計手法です。

　部門や組織が会社の利益にどれだけ貢献しなければいけないか、どうすれば付加価値を増やして生産性を高めることができるか、計画を立てて実行し、実績と計画と比較することによって業績を評価し、業務改善につなげていくために実施されます。公平な業績評価基準をつくるのは容易ではありませんが、経理の大切な仕事です。

◆ 業績評価の仕組み

　業績評価では、まず採算が管理できる業績評価単位を決めます。業績評価単位は業種や会社の実情によって様々ですが、あたかもその部門や組織が1つの会社であるかのように想定して業績が把握できる仕組みをつくります。

◆ 内部原価の設定と部門間の調整

　部門利益を算出する仕組みで難しいのが内部原価の設定です。**内部原価とは、例えば製品を生産部門から販売部門に引き渡すときの価格**です。

　業績評価の実務では内部原価を適正に決定し、在庫計画や生産数量を調整するなど各部門の責任を明確にすることが大切です。

業績評価の単位の例

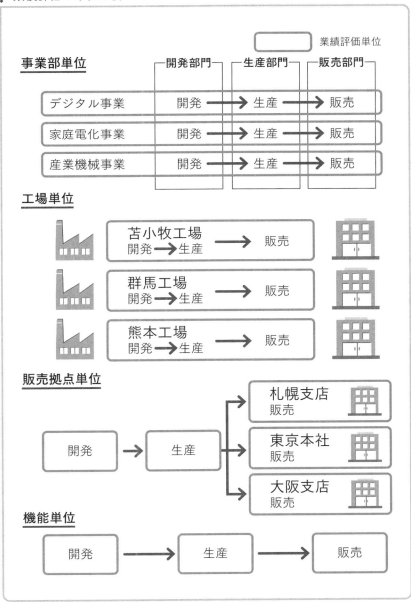

75

その他の管理会計の仕事

◆ 他部門と共同して行う業務が多い

　管理会計は財務会計のように法律的制約がなく、資金管理のように定型処理業務が比較的少ないため、会社ごとにその業務は様々です。

　また、会社全体及び各部門の財務状態の現状把握による経営分析と経営戦略に資するための未来の会計情報を扱うという性質上、管理会計部門単独で行う仕事は比較的少なく、社長室や経営企画室あるいは各事業部門などとの共同の業務が多くなります。

　さらに、それらの部門が改善や新規事業のプロジェクトを検討する場合のアドバイス業務や管理システム構築などの特命事項の比重が高まります。それ以外に、以下のような業務があります。

〔予算管理〕
・資本的支出や大口の投融資の事務局
・R&D 比率の調査、コントロール

〔原価管理〕
・生産販売計画の調整業務
・在庫計画と在庫分析
・新製品などの原価企画

〔経営分析〕
・市場やライバル企業の業績調査
・関係会社などへの経営報告業務
・与信管理制度の構築
・企業買収調査、分社化などの事業再編の事務局

部門との連携	全社プロジェクト等

販 売 部 門
- 市場調査
- 与信管理
- 生産販売計画
- 販売管理制度

生 産 部 門
- 標準原価の設定
- 原価計算
- 購買管理

開 発 部 門
- R&D比率
- 原価企画

物 流 部 門
- 在庫管理システム
- 長期滞留在庫の把握

システム部門
- 経理システム
- 販売管理
- 購買管理

人 事 部 門
- 業績評価
- 人事システム

そ の 他 間 接 部 門

全社プロジェクト等
- 物流システム
- 在庫計画
- 新事業プロジェクト
- 管理システム機能
- 社内規程

改善力
自分たちの仕事をより良くする発想の源

改善とは「悪いところを改める」ことですが、ビジネスでは「社員が自主的に業務効率を絶えず向上させていく活動」という意味で使われています。その真意は、繰り返し改善を行い、良いところもさらに良くして会社の競争力を持続的に向上させることにあります。

経理業務の改善には、新たな業務への対応と経理業務の効率化があります。

新たな業務への対応とは、インボイス制度など新たな仕組みへの遅滞のないシフト、経理業務のDX化への取り組み、海外との取引に伴う国際会計基準への対応などです。新しい知識を習得して、それを実務に活用しなければなりません。

一方、経理業務の効率化とは、テクノロジーの進展を取り込んで経理業務を効率的に進められる仕組みを作ることです。

前例踏襲が多く蔓延する経理業務ですが、時代の変化に合わせ、自分たちの仕事をよりやりやすくするにはどうするかを常に考えることが改善力の鍛錬には重要です。

経理部の法的知識と
会計基準への対応

76
経理業務上の法的知識と会計基準への対応

◆ 企業会計原則、法人税法、会社法等の主旨を理解する

　経理部では通常の業務を行う際の基本的な法律やルールを押さえ、自分が実際に法的問題に直面したときに解説書を読んだり、内部・外部の専門家の意見を聞いたりして自らの知識としたいところです。

　また、経理部では会社のすべての取引が集約されるため、その取引ごとに適切な判断を下し、チェックをする必要があります。そのため、以下に示すように他部門よりも法律やルールの守備範囲は広くなるといえます。

①計算書類の作成に関する法令・規則

　通常の経理業務を行ううえで最も基本となるが、**企業会計原則**です。詳細は後述します。

②税務に関する法令・規則

　税務上の所得計算を行う際に基本となるのが、**法人税法**です。個々の取引が税務上どのような影響を与えるのかを考えるスキルが経理部員に必要です。また、消費税インボイス制度にかかわる**消費税法**、証憑類の電子保存に関する**電子帳簿保存法**も重要です。

③その他

　個々の取引を理解し、取引をチェックするためにはその他様々な法律知識が必要となります。例えば、子会社の設立・管理については**会社法**や**商業登記法**、不動産の賃貸借については**民法・借地借家法**など、請求や支払時には**下請法**、合併など組織再編時には**独占禁止法**などの知識も必要になります。

経理に関する法律の種類

①計算書類の作成に関する法令・規則
- 企業会計原則

②税務に関する規則
- 法人税法
- 消費税法
- 電子帳簿保存法
- など

③その他必要とされる法的知識
- 金融商品取引法
- 会社法
- 商法
- 商業登記法
- 民法
- 借地借家法
- 手形法
- 小切手法
- 個人情報保護法
- 独占禁止法
- 下請法
- など

幅広く

深く吸収

経理のプロ

77

企業会計原則

● 企業会計の根底となる会計のルール

　企業の経理を行う際に、経理担当者の念頭に置かなければならない
のが、**企業会計原則**です。これは法律ではないので、違反すると罰則
があるというわけではありません。一般に公正妥当と認められるもの
が経験的に集約されて制定されており、1949年7月に大蔵省（現在
の財務省）所管の企業会計制度対策調査会から公表されて以来、数度
の改正を経て現在も企業会計の指針として活用されています。

　構成は**第1章 一般原則**、**第2章 損益計算書原則**、**第3章 貸借対照
表原則**となっています。

　一般原則とは、財務諸表の内容をなす会計処理または報告（表示）
の全般にわたる原則であり、真実性の原則、正規の簿記の原則など7
つの原則（右図参照）からなっており、会計原則の構造では、最上位に
位置するものです。また、第2と第3は、発生主義、実現主義、費用
収益対応の原則などであり、会計基準（スタンダード）に該当します。

　ただ、企業会計原則だけでは内容的に抽象的なものが多いので、そ
れを補完する、より実務的な指針として様々な基準が制定されました。
また、近年の会計処理事案の多岐なことにも関連しています。

　具体的なものには、**原価計算基準**や**連結財務諸表に関する会計基準**、
外貨建取引、**リース取引**、**退職給付会計**、**税効果会計**、**金融商品に関
する会計基準**などです。これらはすべて、実務家との調整を踏まえ、
公益認定財団法人財務会計基準機構内に設けられた民間の独立した会
計基準設定主体である企業会計基準委員会を経て制定されたものです。

⋮ **企業会計原則は財務会計の根底原則**

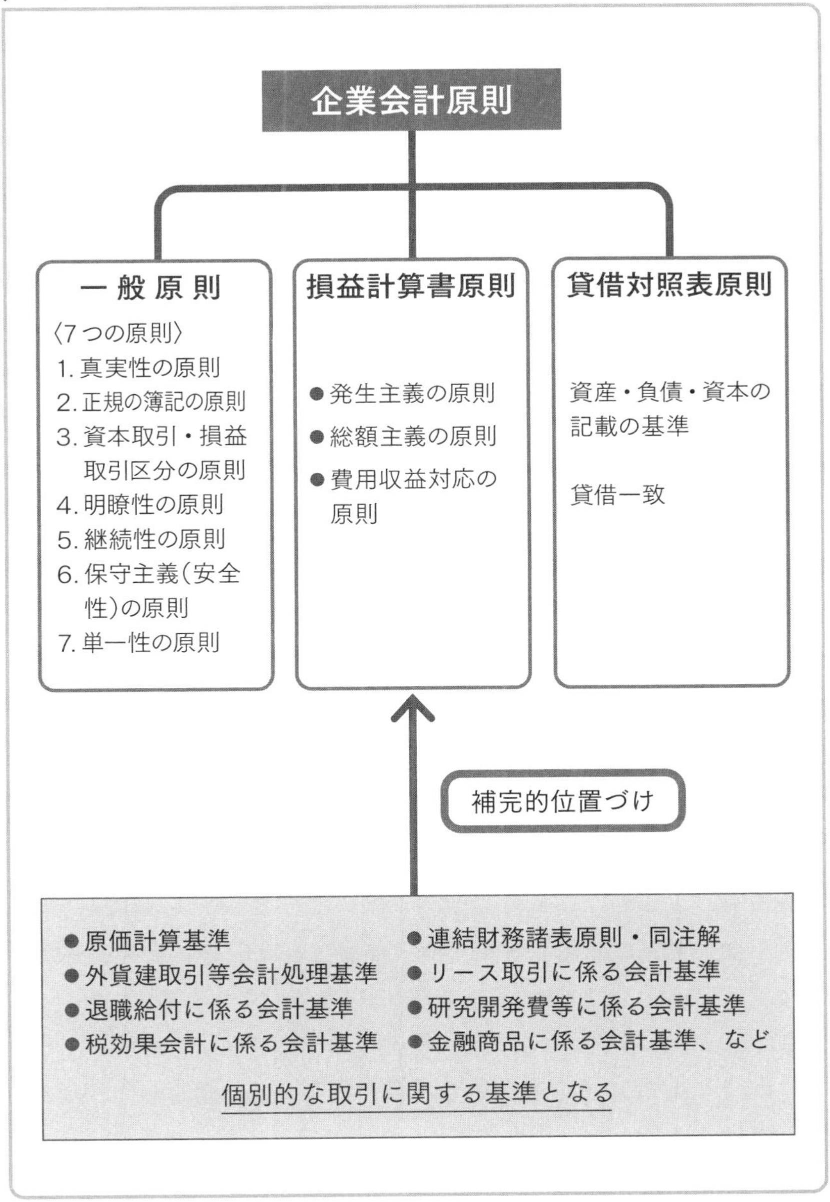

企業会計原則

一般原則

〈7つの原則〉
1. 真実性の原則
2. 正規の簿記の原則
3. 資本取引・損益取引区分の原則
4. 明瞭性の原則
5. 継続性の原則
6. 保守主義（安全性）の原則
7. 単一性の原則

損益計算書原則

- 発生主義の原則
- 総額主義の原則
- 費用収益対応の原則

貸借対照表原則

資産・負債・資本の記載の基準

貸借一致

補完的位置づけ

- 原価計算基準
- 外貨建取引等会計処理基準
- 退職給付に係る会計基準
- 税効果会計に係る会計基準
- 連結財務諸表原則・同注解
- リース取引に係る会計基準
- 研究開発費等に係る会計基準
- 金融商品に係る会計基準、など

個別的な取引に関する基準となる

78 中小企業の会計基準

◆ 大企業向けの企業会計基準は必要ない

　会社は会社法で「一般に公正妥当と認められる会計慣行」にしたがって会計帳簿と計算書類（貸借対照表や損益計算書等）を作成しなければなりません。しかし非上場企業である中小企業は、経理は少人数ですし、銀行や税務署など利害関係者も限られています。上場企業や大会社向けの会計ルール（企業会計基準）は必要なく、そのため、中小企業でも簡単に利用できるルールが設けられています。

◆ 中小会計要領と中小会計指針の2つの会計処理基準

　中小企業を対象にした会計処理の基準には、「**中小企業の会計に関する基本要領（中小会計要領）**」と「**中小企業の会計に関する指針（中小会計指針）**」の2つがあり、いずれも公正妥当な会計基準として認められています。中小会計要領は中小会計指針と比べて中小企業の実態に即して、より簡便な会計処理を実現するものです。

◆ 中小会計要領の概要

　中小会計要領は総論と各論、様式集の3つに区分されています。総論では継続性（会計処理の方法は毎期継続して同じ方法を適用）の遵守、国際会計基準の影響を受けない旨、記帳の重要性などが定められ、各論では貸倒引当金の計算方法、有価証券の評価方法、棚卸資産の評価方法、引当金の計上と計算方法等14項目が規定されています。「税効果会計」や「組織再編」等については盛り込まれていません。

中小会計要領・中小会計指針・企業会計基準の比較

	中小会計要領	中小会計指針	企業会計基準
想定対象	中小企業 中小会計指針と比べて簡便な会計処理をすることが適当と考えられる中小企業	右記以外の中小企業とりわけ会計参与設置会社	金融商品取引法の適用対象会社 会社法上の大会社
国際会計基準との関係	安定的な継続利用を目指し、国際会計基準の影響を受けないものとしている	これまで国際会計基準とのコンバージェンス（統合）等による企業会計基準の改訂を勘案している	これまで国際会計基準とのコンバージェンス（統合）を実施している
各論の項目数等	項目数：基本的な14項目（税効果会計、組織再編の会計等は盛り込んでいない） 内容：本要領の利用を想定する中小企業に必要な事項を簡潔かつ可能な限り平易に記載	項目数：18項目（税効果会計、組織再編の会計等も規定） 内容：中小会計要領よりも詳細に記載	企業取引の会計処理全般を網羅的に規定
税務上の処理の取扱い	実務における会計慣行を踏まえて規定	以下の場合に適用できる ・会計基準がなく税務上の処理が実態を適正に表している場合 ・あるべき会計処理と重要な差異がない場合	副次的に考慮するものとされている
有価証券の期末評価	原則として、取得原価	条件付きで取得原価を容認（市場価格のある株式を保有していても多額でない場合）	市場価格のある株式は時価評価
棚卸資産の評価方法	最終仕入原価法を容認	条件付きで最終仕入原価法を容認（期間損益の計算上著しい弊害がない場合）	重要性のないものを除き、最終仕入原価法は不可

出所：中小企業庁 中小企業の会計に関する検討会『「中小企業の会計に関する基本要領」（中小会計要領）の概要』（平成24年2月）を一部改変

79

会社法（所管官庁：法務省）

◆ 会社の設立・解散・組織・運営・会計等の管理に関する法律

会社法は、すべての会社に対して会計をはじめ、企業の行動様式や機関についても定めた、企業活動において最も根幹となる法律です。経理部員は、この法律の概要を理解しておくことが必要です。

会社法の主な目的は、株主や債権者など会社関係者の利害対立を解決することにあります。そのために定められているのは、会社の設立、解散、組織、運営、資金調達、会計、組織変更などの管理に関するルールであり、経理実務に関係することが多く規定されています。

特に、第2編株式会社に規定された株主総会と取締役について定めた**第4章 会社の機関**、会社の経営成績や財産情報に関する情報開示、配当などの分配可能額を定めた**第5章 計算等**は重要です。

①会社の機関

株式会社は株主が株主総会で取締役を選任して会社の運営・管理を行わせる仕組みなので、株主総会と取締役はすべての会社に存在します。具体的な運営のルールは会社法に定められています。銀行からの借入やM&Aの手続きも会社法に準拠して行います。

②計算等

前述したように経理部は経理情報を作成し、それを開示する機能を有します。公開会社の開示については金融商品取引法に定めがありますが、会社法はすべての会社が情報開示の際に準拠しなければなりません。そのため、株式会社における会計帳簿、貸借対照表や損益計算書等の計算書類等の作成や保存などについて定めています。

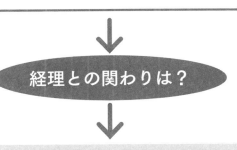

会社法

- 会社の設立、運営、仕組み、組織などについて幅広く定められた法律
- 会社法における会計の目的は株主及び債権者の保護

↓

経理との関わりは？

↓

これら書類の作成と開示を決算期ごとに義務づけられている

計算書類

貸借対照表

損益計算書

株主資本等変動計算書

個別注記表

事業報告

附属明細書

第7章 経理部の法的知識と会計基準への対応

80 金融商品取引法 （所管官庁：金融庁）

◆ 投資家保護や経済の円滑化を図る法律

　金融商品取引法（金商法）は、かつて証券取引法と呼ばれ、上場企業に縁が深いものです。**その目的は、投資家の利益を保護することや経済の円滑化を図ること**にあります。

　上場企業は発行する株式が証券取引所で売買する機能を有するため、企業の業績や決議事項について透明性を高める目的で適時適切な公表が義務（適時開示）づけられています。

　その開示内容は会社法では要求されていないものも多く（中間決算、連結決算や株主・役員やその傍系企業との取引など）、投資家は金商法によって開示が要求される書類により投資の判断を行うことになります。

　上場会社の流通市場における開示は、定期的には「有価証券報告書（有報）」と「半期報告書（半報）」、会社の重要事項の決定など一定の理由が発生するなど臨時的には「臨時報告書」によって行われます（なお、四半期報告書の提出義務は2024年4月に廃止）。

　また、**上場会社の発行市場における開示は、株式の新規発行や売出等その発行条件により「有価証券届出書」「有価証券通知書」または「臨時報告書」によって行われます。**

　有価証券報告書は上場会社が作成し、財務省に提出する一方で、その写しを証券取引所に提出しなければなりません。

　内容は決算書のほか、生産・販売・設備なども記載され、財務省財務局、証券取引所あるいはインターネットを通じ、金融庁所管の電子開示システムEDINETで公開されます。

金融商品取引法

● 投資家の利益を保護し、有価証券の発行や流通を公正に、円滑に行うことを目的としている

経理との関わりは？

流通市場（上場会社の定期的な開示）

有価証券報告書

半期報告書

臨時報告書

発行市場（上場会社の定期的な開示）

有価証券届出書

有価証券通知書

臨時報告書

特徴

会社法に比べて、より詳細な情報が記載される。投資家は開示情報に基づく「自己責任の原則」により判断を行うことになる。

第7章 経理部の法的知識と会計基準への対応

81

法人税法（所管官庁：国税庁）

◆ 法人税を納付する義務を果たすために制定された法律

　法人の所得（利益）に課される基本的な税が、法人税です。法人税法は、法人税を納付する義務を果たすために制定された法律です。

　会社の経営目的の1つに売上を上げて利益を得ることがありますが、それに対して課税される法人税の税額は、会社の収益性を見るポイントになります。**税金の課税対象となるものを「課税標準」といい、法人税の場合は事業年度の所得金額が課税対象**となります。

　法人税の課税所得金額（収入金額から経費を差し引いたもの）は、会社の決算書の利益とは必ずしも一致しません。決算書の利益をもとに課税所得金額に修正する手続きを「**税務申告調整**」といいます。この違いが発生するのは、**企業会計**と**税務会計**の目的が違っているからです。

　企業会計が会社の経営成績を正確な計算により株主に対する配当可能な利益を算出するために行われるのに対し、税務会計は課税の公平を確保するために画一的な処理や政策的な配慮が求められるからです。

　主な税務申告調整事項には次のようなものがあります。

①**法人税等**＊：会社法による利益計算では費用の1つだが、法人税法による所得計算は法人税を控除する前の金額になる。

②**交際費や寄附金**：利益計算では費用に含めるが、所得計算では課税の公平のために控除が制限されている。

③**貸倒引当金や賞与引当金、退職給与引当金等引当金の繰入額**：利益計算では見積計上すべきだが、所得計算では引当金は原則、控除できない。

法人税法と経理

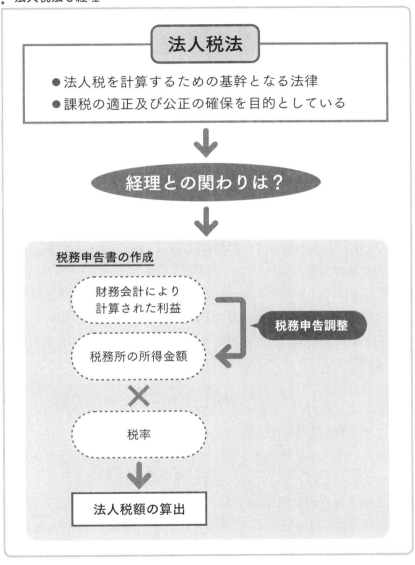

＊法人税等：法人が事業活動で得た所得に対して課税される国税である**法人税**、地方税である**法人住民税**と**法人事業税**の3つをまとめて法人税等という。

82

倒産法（所管官庁：法務省）

◆ 債権者の保護と事業の継続などを目的とした法律

倒産とは法律の条文上の用語ではなく、破産などの申立がされた場合や手形・小切手が2回不渡りになって手形交換所で取引停止処分がなされた場合など、正常に事業の継続ができない状態をいいます。マスコミなどでは「事実上の倒産」といわれるのはその理由からです。

そして、**倒産法とは債権者の保護と事業の継続などを目的としており**、「破産法」「会社更生法」「民事再生法」、会社法上の「特別清算*」を含めた法律です。

倒産手続きは、会社が解散したのちの財産関係の整理である清算を前提とする「破産*」「特別清算」と、再建を前提とする「会社更生*」「民事再生*」に分けられ、法的手続きによらないものは「任意整理」といわれます。

その他に、ADR法（Alternative Dispute Resolution；裁判外紛争解決手続の利用の促進に関する法律）に基づく「**企業再生ADR**」、民事調停法の特例法で、裁判官と有識者で構成する調停委員会で債務の一部免除や返済繰延について当事者間で話し合う制度として「**特定調停法**」があります。

倒産法は、1999年に和議法に替わり民事再生法が制定され、2002年に会社更生法が改正され、2005年に破産法が改正されて倒産手続きが合理化されてきたという経緯があります。経理担当者は、売掛金などの債権保全のためや貸倒損失の計上などで税務当局とトラブルにならないためにも倒産法の基本的な知識は必要です。

倒産法の概要

	破産	特別清算	民事再生	会社更生
根拠法	破産法	会社法	民事再生法	会社更生法
対象者	法人・個人	株式会社	法人・個人	株式会社
申立権者	債権者 債務者	債権者 役員 株主	債権者 債務者	債権者 債務者 株主
役員残留	不可	可	可	不可
可決要件 ※1	なし	協定 2/3以上	再生計画 1/2以上	更生計画 1/2超
担保行使権の制限 ※2	なし	なし	なし	あり

※1　可決要件には、出席債権者の一定数以上の賛成も必要、また、会社更生法
　　　では担保権者や株主の同意が必要な場合がある。
※2　裁判所による担保権行使の中止命令がある場合もある。

＊特別清算：債務超過に陥った会社が清算する際に取る法的手続き。破産手続きよりも比較的簡便。
＊破産：債務超過に陥った会社が清算する際に、裁判所が債務者の財産を債権者に平等に分配し、
　債務者の経済的再生も目的とする法的手続き。
＊会社更生：持続的な経営が困難となった株式会社が事業再生を目指して法律のもとになされる
　更生手続き。利害関係者の不利益にならない配慮が求められるが、株式は無価値となり、新た
　な支援者が代表者になり変わる。
＊民事再生：持続的な経営が困難となった会社の現在の経営者が主導して、利害関係者との調整
　を図りながら再建を目指す法的手続き。

83

税効果会計

◆ 会計の収益計上と税法の損益の差異を解消する

税効果会計とは、法人が納めるべき税金である法人税等（法人税・住民税・事業税）を「法人税等調整額」という勘定科目で調整して、税引前利益と法人税等を合理的に対応させるための会計基準です。

このような処理が必要になるのは法人税法で説明したように、損益計算書の税引前利益と法人税法の課税所得が異なるからです。

会計で収益計上しても、法人税法では益金または損金にならないものがあります。この差異には、賞与引当金や退職給付引当金のように収益や費用の認識時期が異なるために生じる差異（一時差異）と交際費や寄附金のように将来の法人税等の計算に影響しない差異（永久差異）があります。税効果会計の対象となるのは将来の税金計算に影響する一時差異です。

具体的な会計処理は、一時差異に実効税率（会社が負担する標準的な税率）を乗じて一時差異にかかわる法人税等の額を適切な会計期間に配分します。

税効果会計で使用する勘定科目は次のとおりです。

繰延税金資産：法人税等の前払部分。将来、その分だけ法人税等を減少させる効果（将来減算一時差異）がある。

繰延税金負債：法人税等の未払部分。将来、その分だけ法人税等を増加させる効果（将来加算一時差異）がある。

法人税等調整額：事業年度の繰延税金資産と繰延税金負債の増減額で損益計算書の法人税等を調整する勘定科目。

例）X期に会計上は500万円の貸倒損失が生じた。
税務上の貸倒要件を満たしたのはX+1期だった。
貸倒が生じる前の税引前利益はX期、X+1期とも
1500万円（税額は総合税率40％とする）

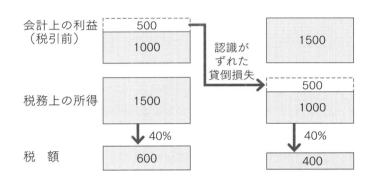

| | 会計上の利益（税引前） | 税務上の所得 | 税額 |

税効果会計を採用しない利益計算

	X期	X+1期
税引前利益	1000	1500
法人税等	600	400
当期純利益	400	1100

税効果会計を採用した利益計算

	X期	X+1期
税引前利益	1000	1500
法人税等	600	400
法人税等調整額	△200	200
当期純利益	600	900
	B/S	B/S
	繰延税金資産 200	繰越税金資産 0

↑
税金の前払

84

退職給付会計

◆ 退職金に関わる毎期の負担額を退職給付引当金として計上

　退職給付とは、従業員の退職に伴って支給される退職金のことです。退職金には**退職一時金**と**退職年金**があります。退職金は従業員が退職したときに会社の負債になりますが、勤務期間に応じて支払額が大きくなるので、勤務期間に応じて負債が増加していくと考えることもできます。そこで**一定の会計ルールに従って**（将来の金額を利子率などで現在の価値に置き換えて計算）、**毎期の負担額を合理的に見積もり**、「**退職給付引当金**」**として計上**するのが退職給付会計です。

　退職給付会計では、退職時に見込まれる退職一時金と退職年金の合計額（退職金給付総額）のうち、当期までに発生した金額を**退職給付債務**として算出して、期末に積立が必要な金額を退職給付引当金として計上します。

　退職年金は、年金の形式で受け取る退職金です。会社が保険会社等に掛金を拠出して給付額を積み立てるのが一般的です。退職年金には**確定給付型**と**確定拠出型**の2つがあります。一定の給付額が確定しているのが確定給付型であり、一定の掛金を確定させてその運用により給付額が変動するのが確定拠出型（**確定給付企業年金**、**厚生年金基金**、**適格退職年金**）です。

　確定拠出型は掛金を毎期、費用処理すれば追加負担は生じません。退職給付会計の対象になるのは、確定給付型の退職年金です。

　退職給付会計基準では退職給付制度にかかわる開示が義務づけられ、積立不足がある場合は退職給付引当金として計上します。

・・・
退職給付会計の考え方

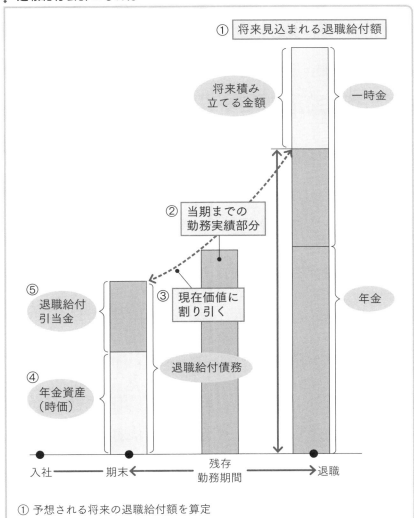

① 予想される将来の退職給付額を算定
② ①の給付額のうち、当期までの勤務実績に対応する金額を算定
③ ②の金額を利子率等で現在価値に割り引いて当期末の退職給付債務を計算
④ 期末時点の年金資産の時価を算出
⑤ ③の退職給付債務から年金資産の時価を控除して退職給付引当金を計算

第7章 経理部の法的知識と会計基準への対応

85

リース取引の会計と税務

◆ リース契約は資産を計上する売買処理を原則にして処理する

オフィスで日常的に使用するコピーの複合機やサーバーなどの**リース契約は会計基準では「所有権移転外ファイナンスリース取引」**（以下、**リース取引）といい、金融取引に該当**します。リース取引は物品の管理が容易なこと、資金調達が簡易なこと、費用計上が平準化できること、契約形態によっては節税が可能なことなどのメリットがあります。

リース契約には他に、**賃借（レンタル）とされる「オペレーティングリース」**や、**リース物件の所有権が借り手に移転し資産の売買とされる「所有権移転ファイナンスリース取引」**があります。前者は賃借料、後者は固定資産の購入として経理処理します。

リース取引は従来、大半が賃借での経理処理がなされていましたが、その実態は借入による資産の購入と変わらないので資産が過少計上になり、リース料の支払義務も貸借対照表に計上されないという問題がありました。そこで現在は、**リース契約は資産を計上する売買処理が原則**になっています。そして、**勘定科目は自己所有の固定資産とは区別して「リース資産」と「リース負債」を計上して毎月のリース料支払額はリース負債を減額し、利息部分は支払利息で計上**します。

ただし、**中小企業やリース料総額 300 万円以下の少額のリース取引は賃貸借処理**も認められています。

原則処理は資産の購入なので減価償却費や支払利息の経理処理が必要になります。減価償却方法はリース期間を耐用年数、残存価額をゼロとする「**リース期間定額法**」になります。

会計の区分	原則（利息法）	原則（定額法）	特例（中小企業、少額・短期のリース）
費用計上	利息相当／減価償却費 リース料のうち利息部分を毎期逓減するように計上	利息相当／減価償却費 利息部分を毎期同額にして計上	貸借料（リース料） 貸借料（リース料）を計上
法人税	● リース期間定額法として扱う ● 利息は損金扱い	● リース期間定額法として扱う ● 利息は損金扱い	● リース期間定額法で行う ● 貸借料をリース期間定額法の償却費とみなす
消費税 （リース契約に利息が明示されていない場合）	契約時にリース料総額が課税仕入（契約時に利息部分も課税仕入を計上）	契約時にリース料総額が課税仕入（契約時に利息部分も課税仕入を計上）	契約時にリース料総額が課税仕入 〈特例〉 **貸借料計上時**に課税仕入を計上

リース期間定額法の償却限度額

$$\text{リース資産の取得価額} \times \frac{\text{その事業年度のリース期間の月数}}{\text{リース期間の月数}}$$

86

資産除去債務会計

◆ 建物の解体等固定資産の将来における除去に際しての会計

　資産除去債務とは、会社の固定資産を法律の義務や契約で将来的に撤去や処分（除去）が想定される場合に、そのために必要になる見積費用です。資産除去債務会計では資産除去時のコストを債務として認識し、その将来債務を現在の価値に換算して固定資産の取得価額に含めて計上します。その上乗せした取得価額は毎期減価償却費として費用化していきます。企業会計基準委員会*による『資産除去債務に関する会計基準』では資産除去債務は次のように定義されています。

「**有形固定資産の取得、建設、開発又は通常の使用によって生じ、当該有形固定資産の除去に関して法令又は契約で要求される法律上の義務及びそれに準ずるものをいう。**」

　もし資産取得時に除去時のコストを見積もることができない場合は、債務の金額を合理的に見積もることができるようになった時点で負債として計上します。資産除去時のコストとは、建物を解体するときの解体費用や土地の形状または性質の変更する際の法令上生じる義務にかかわる費用や、契約条件等にかかわる費用や損失をいいます。具体的にはアスベストやポリ塩化ビフェニルの撤去処分費用や、土壌汚染にかかわる調査対策費用が代表的な費用です。

　資産除去債務会計基準により除去・解体時に必要となる費用、有害物質等の除去コスト等が把握されることになり、それらも含めた投資額としての投資意思決定が必要になります。

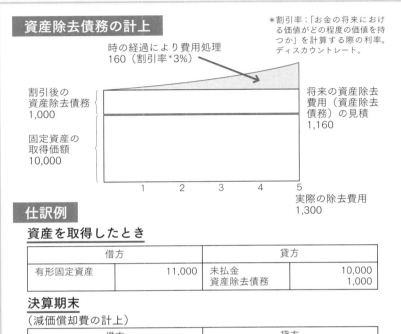

資産除去債務の計上

＊割引率：「お金の将来における価値がどの程度の価値を持つか」を計算する際の利率。ディスカウントレート。

時の経過により費用処理
160（割引率＊3%）

割引後の
資産除去債務
1,000

固定資産の
取得価額
10,000

将来の資産除去
費用（資産除去
債務）の見積
1,160

1　　2　　3　　4　　5

実際の除去費用
1,300

仕訳例

資産を取得したとき

借方		貸方	
有形固定資産	11,000	未払金 資産除去債務	10,000 1,000

決算期末

（減価償却費の計上）

借方		貸方	
減価償却費	2,200＊	減価償却累計額	2,200

＊11,000÷5＝2,200

（時の経過による資産除去債務の計上）

借方		貸方	
利息費用	30＊	減価償却累計額	30

＊1,000×3％＝30

資産を除却したとき

5年後に資産を除却して実際の除却費用が1,300だった

借方		貸方	
減価償却累計額 資産除去債務 固定資産除却損	11,000 1,160 140	有形固定資産 未払金	11,000 1,300

＊企業会計基準委員会：金融庁企業会計審議会の役割を引き継ぐ、公益認定財団法人財務会計基準機構内に設置の会計基準設定主体。

行動力
会社の問題発見・解決のためにはまず行動

　行動力を磨くには何が大切でしょうか？　答えはシンプルです。「まず行動する」ことを習慣にすることです。考えていても結果は出ません。するべきことが決まっているなら、まず行動する。自分で自分の背中を押すことを心がけます。これにより、経理部員としての行動力が磨かれていきます。

　慎重な人ほど能力不足で行動できないと思いがちのようですが、能力を身につけるために行動すればいいと考えれば、ネガティブな意識がポジティブに変わります。何事も行動してみなければわかりません。歩きながら、走りながら考えることで新たな発見にもつながります。

　ところで、経理の仕事にはいまだに机に座って書類をにらんでいる、金庫を管理しているといった行動力からほど遠いイメージが残っていたりします。

　ですが、時代は変わっているのです。会社の問題発見とその解決は行動力が引きがねになります。その引きがねを引く第一人者が経理部員です。

第 **8** 章

経理部員に必要な心構え

87

経理部員の心構え

◆ 誠実である

　不誠実な医者には命を預けられないように、誠実でない人にお金や会社の重要な情報を任せられません。誠実さは社会人として最も重要な要素の１つですが、**お金や会社の重要情報を扱う経理部員には、他部門以上に誠実さ**が求められます。

◆ 現場を理解する

　経理業務はとかくデスクワークが中心となり、数字を中心とした集計作業に追われる傾向がありますが、集計業務だけの経理では信頼されません。

　経理部員は、数字の集計の的確性に加えて数字の意味を理解し、そこから会社の問題点を把握し指摘できる能力が必要です。**優れた経理部員とは、会社の実態を数字にして、問題点を明確にして関係者に進言する能力を有している人**のことです。

　そうなるためには、積極的に営業や製造などの現場を見ることで、会社を実感として理解し、「生きた数字」を扱えることが大切です。

◆ 論理的な思考を持つ

　経理業務は会社の実態や方針を数字で表現することであり、感覚ではなく、常に論理的な思考を持って判断することが必要となります。事実に対する冷静な判断に基づき、時には威厳をもって他部門に警告しなければならない場合も生じます。

誠実であること

- 社会人として、経理部員として、社内の信頼関係をつくる
- 馴れあいを避け、厳然とした態度で臨む

現場を理解すること

- 現場へ行く
- 現場の声を聞く
- 必要時に現場の役に立つ情報を提供する

論理的思考を持つこと

- 計数資料で事実を確認する
- 経理基準、法律的な確認をする

88 経理部員の自己啓発

◆ 知識を増やす

経理業務には、財務会計、資金業務、管理会計などの知識が必要になります。経理部員が経理の専門家になるためには、これらの知識を習得し、業務に活かさなければなりません。

しかし、すべてを学ぶには時間と労力が必要です。**専門書を読んだり、上司などに質問してその知識を深めることを習慣**にします。

◆ 経験を積む

いくら知識を増やしても、実際に使わなければ身につきません。理屈がわかっていることと実務ができることは違います。実務では、本に載っていない様々なノウハウや判断が要求され、ここで経験の差が出てきます。**積極的に経験を積むことは、将来の自分の価値を高める**ことにもなります。

◆ コミュニケーション能力を身につける

経理部員が、経理情報について経営者や他の部門に説明するとき、専門用語だけで説明して相手が理解できないということがよくあります。また、経理業務は、会社の全業務に関わるため、他の部門に対して問い合わせや質問をすることも多くあります。

経理情報は作ることが目的ではなく、**利用されるためのものである**ことをよく認識し、**情報を提供する相手との円滑なコミュニケーションを心掛けて実践**することも大切な仕事の1つです。

知　識

- ●財務会計
- ●管理会計
- ●資金業務
- ●ビジネス全般

経　験

- ●実務を積極的に
　こなす

↓

自分の価値を高める

コミュニケーション能力

社内外の経理情
報利用者との円
滑なコミュニケ
ーション

一人前の経理人

89

経理部管理者の心構え①
経営管理の要

◆ 戦略的視点をもって経営管理に資する一員としての自覚

　経理部の業務の中では、会社法、金融商品取引法、法人税法に基づいた財務報告や税務申告は当然重要です。

　しかし、財務会計の業務だけしか行わない経理部は、経営者や他部門から信頼を得ることはできません。特に、営業や技術などライン部門出身の経営者の中にそう感じることが多いようです。これは、経理部の経営管理への意識の低い企業に見られる特徴です。

　優れた経理部とは、経営者の立場を理解し、会社の実態を数字に表現して会社の問題点を明確にする戦略的視点を有することが求められます。よって、経営に無関心で、事実の整理や集計だけをしているような経理部は会社からの期待に応えていないことになります。

　会社は、利益獲得を目的として、ヒト・モノ・カネ・情報の経営資源を利用します。これらの経営資源を有効に活用することが**経営管理**です。経営管理ではそれら経営資源の中の様々な情報を活用しますが、その中心は経理情報です。したがって**経理部は、経営管理の要として、会社経営に役立つ戦略部門となる**ことが要求されるのです。

　ここでいう経営管理に役立つ経理とは、経営の問題点を把握できる情報や経営を予測できる情報を提供できる役割ということになります。

　経営管理では経理数字が中心となりますが、経理数字だけでは会社は動きません。そこで**経理部管理者には、現場の実態や意見を理解し、会社全体の仕組みから経理業務を把握するバランス感覚**が求められるのです。

経 営 資 源

ヒト

モノ

カネ

情報

経営的視点で分析し、問題を抽出

トップマネジメントや関係部門に対応を進言

経営に役立つ経理

- 経営の問題点を把握できる
- 経営を予測できる情報を提供できる

経営に役立たない経理

- 経営や現場に無関心
- 事実の整理や集計業務だけしか行わない

第8章　経理部員に必要な心構え

90

経理部管理者の心構え②

マネジメントサイクルによる管理

◆ 予算制度のマネジメントサイクルによる実行支援

マネジメントサイクルとは、**計画→実行→検証→改善**からなる一連の循環、すなわち、計画し、その計画に基づいて実行し、実行した結果を検証し、検証の結果による改善策を計画に反映するという管理の考え方をいいます。いわゆる、**PDCA**（Plan-Do-Check-Action）、または**PDS**（Plan-Do-See）と呼ばれるものです。

会社の経営管理にはマネジメントサイクルの考え方が大切です。社長が場当たり的で計画性がなければ会社組織はまとまらず、計画が立てられても社員のやる気を引き出す仕組みにしなければ画餅に帰します。**マネジメントサイクルを具体的にしたものが「予算制度」であり、経理部は予算制度で中心的な役割**を担います。

予算制度では、年間の利益計画と予算の策定→各部門で予算に基づいて活動→月ごとに予算と実績を比較しその差異を分析→各部門や個人の実績の評価と改善策の検討→次期予算の策定、という流れになります。会社の規模が小さいときは社長個人でも対応できますが、規模が大きくなるにつれ、予算制度が重要になります。

ただ、いくら経理部で予算の素案を作成したとしても、マネジメント層と従業員の意志の不統一により、実際には予算どおりに実行されない事例が見られるのも事実です。予算制度を効果的なものにするにはその仕組みづくりだけでなく、その意識を会社全体に浸透させなければなりません。そのためには**経理部管理者がトップマネジメントに協力を仰ぎ、従業員への浸透を図る施策を先頭に立って展開**します。

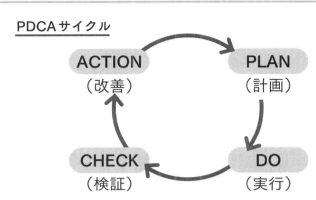

PDCA サイクル

ACTION（改善）　PLAN（計画）　CHECK（検証）　DO（実行）

予算制度の流れ

経営計画の策定

短期利益計画の策定

部門別予算の策定

各部門の活動

予算と実績の比較と評価

経営計画の修正

次期予算の策定

91

経理部管理者の心構え③
専門性の向上と経理部員の育成

◆ 環境変化に柔軟に対応し、新しいスキルを習得する

　グローバルスタンダードの流れ、IT の進化による DX の促進、国民の情報開示への意識の高まりなど、企業環境さらには経理部を取り巻く環境は大きく変化してきています。

　会社法、金融商品取引法、法人税法など財務会計にかかわる法令は毎年のように改正されて会計情報が複雑化・高度化しています。特に、上場会社においては金融商品取引法において、これまでの四半期報告書は四半期決算短信に一本化され、事業別収益やキャッシュフローに関する情報開示が義務化となり、また半期ごとに半期報告書の提出に切り替わるなど、これまでとは違った対応が余儀なくされています。

　このような状況で、経理部門の専門性を維持し、経理業務の合理化を推進していくには、経理部内を財務会計、管理会計、資金管理に機能分けして専門家集団にしたり、外部の専門家との共同体制を構築したりするほか、DX をはじめとする環境変化に適宜対応できる人材を擁していかなければ、その変化に取り残されます。

　適応力のある柔軟な思考を持ち、デジタル化にもアレルギーのない経理部員を育成するにあたっては、**研修やリスキリングにより専門能力を高める職場環境の整備**とともに、実務においては集計作業や資料作成のデスクワークだけでなく、**積極的に現場に関与させたり、金融機関との折衝に立ち会わせたり、他部門と直接交渉させたりして、現場を理解した人材を育成**することが必要です。

　こうした施策を経理部管理者は**計画的に展開**することが肝要です。

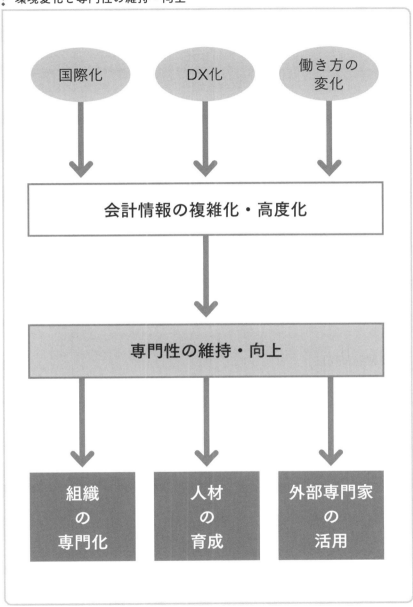

企業会計原則

　企業会計原則は、企業会計の実務ルールとして昭和24（1949）年に経済安定本部企業会計制度対策調査会の中間報告として設定された後、大蔵省（現・金融庁）企業会計審議会により改定（最終改定は昭和57年4月20日）がなされ、日本の会計基準の拠り所とされてきました。

　しかしながら、経済のグローバル化により国際会計基準への対応が余儀なくされ、かつてよりも重視されなくなってきているのが実状です。

　ただ、一般原則を中心に企業会計の考え方としての普遍性があり、経理実務に携わる方々は一度目を通しておく必要があると考え、ここに本文をそのまま掲載します。

第1　一般原則

（昭和24年7月9日）

1　真実性の原則

　企業会計は、企業の財政状態及び経営成績に関して、真実な報告を提供するものでなければならない。

2　正規の簿記の原則

　企業会計は、すべての取引につき、正規の簿記の原則に従って、正確な会計帳簿を作成しなければならない。

3　資本利益区別の原則

　資本取引と損益取引とを明瞭に区別し、特に資本剰余金と利益剰余金とを混同してはならない。

4　明瞭性の原則

　企業会計は、財務諸表によって、利害関係者に対し必要な会計事実を明瞭に表示し、企業の状況に関する判断を誤らせないようにしなければならない。

5 継続性の原則

企業会計は、その処理の原則及び手続を毎期継続して適用し、みだりにこれを変更してはならない。

6 保守主義の原則

企業の財政に不利な影響を及ぼす可能性がある場合には、これに備えて適当に健全な会計処理をしなければならない。

7 単一性の原則

株主総会提出のため、信用目的のため、租税目的のため等種々の目的のために異なる形式の財務諸表を作成する必要がある場合、それらの内容は、信頼しうる会計記録に基づいて作成されたものであって、政策の考慮のために事実の真実な表示をゆがめてはならない。

第2 損益計算書原則

1 損益計算書の本質

損益計算書は、企業の経営成績を明らかにするため、一会計期間に属するすべての収益とこれに対応するすべての費用とを記載して経常利益を表示し、これに特別損益に属する項目を加減して当期純利益を表示しなければならない。

A　すべての費用及び収益は、その支出及び収入に基づいて計上し、その発生した期間に正しく割当てられるように処理しなければならない。ただし、未実現収益は、原則として、当期の損益計算に計上してはならない。　前払費用及び前受収益は、これを当期の損益計算から除去し、未払費用及び未収収益は、当期の損益計算に計上しなければならない。

B　費用及び収益は、総額によって記載することを原則とし、費用の項目と収益の項目とを直接に相殺することによってその全部又は一部を損益計算書から除去してはならない。

C　費用及び収益は、その発生源泉に従って明瞭に分類し、各収益項目とそれに関連する費用項目とを 損益計算書に対応表示しなければならない。

2 損益計算書の区分

損益計算書には、営業損益計算、経常損益計算及び純損益計算の区分を設けなければならない。

Ａ　営業損益計算の区分は、当該企業の営業活動から生ずる費用及び収益を記載して、営業利益を計算する。２つ以上の営業を目的とする企業にあっては、その費用及び収益を主要な営業別に区分して記載する。

　Ｂ　経常損益計算の区分は、営業損益計算の結果を受けて、利息及び割引料、有価証券売却損益その他営業活動以外の原因から生ずる損益であって特別損益に属しないものを記載し、経常利益を計算する。

　Ｃ　純損益計算の区分は、経常損益計算の結果を受けて、前期損益修正額、固定資産売却損益等の特別損益を記載し、当期純利益を計算する。

　Ｄ　純損益計算の結果を受けて、前期繰越利益等を記載し、当期未処分利益を計算する。

３　営業利益

　営業損益計算は、一会計期間に属する売上高と売上原価とを記載して売上総利益を計算し、これから販売費及び一般管理費を控除して、営業利益を表示する。

　Ａ　企業が商品等の販売と役務の給付とをともに主たる営業とする場合には、商品等の売上高と役務による営業収益とは、これを区別して記載する。

　Ｂ　売上高は、実現主義の原則に従い、商品等の販売又は役務の給付によって実現したものに限る。ただし、長期の未完成請負工事等については、合理的に収益を見積もり、これを当期の損益計算に計上することができる。

　Ｃ　売上原価は、売上高に対応する商品等の仕入原価又は製造原価であって、商業の場合には、期首商品たな卸高に当期商品仕入高を加え、これから期末商品たな卸高を控除する形式で表示し、製造工業の場合には、期首製品たな卸高に当期製品製造原価を加え、これから期末製品たな卸高を控除する形式で表示する。

　Ｄ　売上総利益は、売上高から売上原価を控除して表示する。　役務の給付を営業とする場合には、営業収益から役務の費用を控除して総利益を表示する。

　Ｅ　同一企業の各経営部門の間における商品等の移転によって発生した内部利益は、売上高及び売上原価を算定するに当たって除去しなければならない。

　Ｆ　営業利益は、売上総利益から販売費及び一般管理費を控除して表示する。販売費及び一般管理費 は、適当な科目に分類して営業損益計算の区分に記載し、これを売上原価及び期末たな卸高に算入してはならない。ただし、長期の請負工事については、販売費及び一般管理費を適当な比率で請負工事に配分し、売上原価及び期末たな卸高に算入することができる。

４　営業外損益

　営業外損益は、受取利息及び割引料、有価証券売却益等の営業外収益と支払利息及び割引料、有価証券売却損、有価証券評価損等の営業外費用とに区分して表

示する。

5 経常利益

経常利益は、営業利益に営業外収益を加え、これから営業外費用を控除して表示する。

6 特別損益

特別損益は、前期損益修正益、固定資産売却益等の特別利益と前期損益修正損、固定資産売却損、災害による損失等の特別損失とに区分して表示する。^(注12)

7 税引前当期純利益

税引前当期純利益は、経常利益に特別利益を加え、これから特別損失を控除して表示する。

8 当期純利益

当期純利益は、税引前当期純利益から当期の負担に属する法人税額、住民税額等を控除して表示する。

9 当期未処分利益

当期未処分利益は、当期純利益に前期繰越利益、一定の目的のために設定した積立金のその目的に従った取崩額、中間配当額、中間配当に伴う利益準備金の積立額等を加減して表示する。

第3 貸借対照表原則

1 貸借対照表の本質

貸借対照表は、企業の財政状態を明らかにするため、貸借対照表日におけるすべての資産、負債及び資本を記載し、株主、債権者その他の利害関係者にこれを正しく表示するものでなければならない。ただし、正規の簿記の原則に従って処理された場合に生じた簿外資産及び簿外負債は、貸借対照表の記載外におくことができる。

A 資産、負債及び資本は、適当な区分、配列、分類及び評価の基準に従って記載しなければならない。

B 資産、負債及び資本は、総額によって記載することを原則とし、資産の項

目と負債又は資本の項目とを相殺することによって、その全部又は一部を貸借対照表から除去してはならない。

C　受取手形の割引高又は裏書譲渡高、保証債務等の偶発債務、債務の担保に供している資産、発行済株式1株当たり当期純利益及び同1株当たり純資産額等企業の財務内容を判断するために重要な事項は、貸借対照表に注記しなければならない。

D　将来の期間に影響する特定の費用は、次期以降の期間に配分して処理するため、経過的に貸借対照表の資産の部に記載することができる。^(注15)

E　貸借対照表の資産の合計金額は、負債と資本の合計金額に一致しなければならない。

2　貸借対照表の区分

貸借対照表は、資産の部、負債の部及び資本の部の三区分に分ち、さらに資産の部を流動資産、固定資産及び繰延資産に、負債の部を流動負債及び固定負債に区分しなければならない。

3　貸借対照表の配列

資産及び負債の項目の配列は、原則として、流動性配列法によるものとする。

4　貸借対照表の分類

資産、負債及び資本の各科目は、一定の基準に従って明瞭に分類しなければならない。

(1)資産

資産は、流動資産に属する資産、固定資産に属する資産及び繰延資産に属する資産に区別しなければならない。仮払金、未決算等の勘定を貸借対照表に記載するには、その性質を示す適当な科目で表示しなければならない。

A　現金預金、市場性ある有価証券で一時的所有のもの、取引先との通常の商取引によって生じた受取手形、売掛金等の債権、商品、製品、半製品、原材料、仕掛品等のたな卸資産及び期限が一年以内に到来する債権は、流動資産に属するものとする。

前払費用で一年以内に費用となるものは、流動資産に属するものとする。

受取手形、売掛金その他流動資産に属する債権は、取引先との通常の商取引上の債権とその他の債権とに区別して表示しなければならない。

B　固定資産は、有形固定資産、無形固定資産及び投資その他の資産に区分しなければならない。

建物、構築物、機械装置、船舶、車両運搬具、工具器具備品、土地、建設仮

勘定等は、有形固定資産に属するものとする。

　営業権、特許権、地上権、商標権等は、無形固定資産に属するものとする。

　子会社株式その他流動資産に属しない有価証券、出資金、長期貸付金並びに有形固定資産、無形固定資産及び繰延資産に属するもの以外の長期資産は、投資その他の資産に属するものとする。

　有形固定資産に対する減価償却累計額は、原則として、その資産が属する科目ごとに取得原価から控除する形式で記載する。

　無形固定資産については、減価償却額を控除した未償却残高を記載する。

C　創立費、開業費、新株発行費、社債発行費、社債発行差金、開発費、試験研究費及び建設利息は、繰延資産に属するものとする。これらの資産については、償却額を控除した未償却残高を記載する。

D　受取手形、売掛金その他の債権に対する貸倒引当金は、原則として、その債権が属する科目ごとに債権金額又は取得価額から控除する形式で記載する。

　債権のうち、役員等企業の内部の者に対するものと親会社又は子会社に対するものは、特別の科目を設けて区別して表示し、又は注記の方法によりその内容を明瞭に示さなければならない。

(2)負債

負債は、流動負債に属する負債と固定負債に属する負債とに区別しなければならない。仮受金、未決算等の勘定を貸借対照表に記載するには、その性質を示す適当な科目で表示しなければならない。

A　取引先との通常の商取引によって生じた支払手形、買掛金等の債務及び期限が1年以内に到来する債務は、流動負債に属するものとする。

　支払手形、買掛金その他流動負債に属する債務は、取引先との通常の商取引上の債務とその他の債務とに区別して表示しなければならない。

　引当金のうち、賞与引当金、工事補償引当金、修繕引当金のように、通常1年以内に使用される見込のものは流動負債に属するものとする。

B　社債、長期借入金等の長期債務は、固定負債に属するものとする。

　引当金のうち、退職給与引当金、特別修繕引当金のように、通常1年をこえて使用される見込のものは、固定負債に属するものとする。

C　債務のうち、役員等企業の内部の者に対するものと親会社又は子会社に対するものは、特別の科目を設けて区別して表示し、又は注記の方法によりその内容を明瞭に示さなければならない。

(3)資本

資本は、資本金に属するものと剰余金に属するものとに区別しなければならない。

A　資本金の区分には、法定資本の額を記載する。発行済株式の数は普通株、

優先株等の種類別に注記するものとする。
　B　剰余金は、資本準備金、利益準備金及びその他の剰余金に区分して記載しなければならない。
　　株式払込剰余金、減資差益及び合併差益は、資本準備金として表示する。その他の剰余金の区分には、任意積立金及び当期未処分利益を記載する。
　C　新株式払込金又は申込期日経過後における新株式申込証拠金は、資本金の区分の次に特別の区分を設けて表示しなければならない。
　D　法律で定める準備金で資本準備金又は利益準備金に準ずるものは、資本準備金又は利益準備金の次に特別の区分を設けて表示しなければならない。

5　資産の貸借対照表価額

　貸借対照表に記載する資産の価額は、原則として、当該資産の取得原価を基礎として計上しなければならない。
　資産の取得原価は、資産の種類に応じた費用配分の原則によって、各事業年度に配分しなければならない。有形固定資産は、当該資産の耐用期間にわたり、定額法、定率法等の一定の減価償却の方法によって、その取得原価を各事業年度に配分し、無形固定資産は、当該資産の有効期間にわたり、一定の減価償却の方法によって、その取得原価を各事業年度に配分しなければならない。繰延資産についても、これに準じて、各事業年度に均等額以上を配分しなければならない。
　A　商品、製品、半製品、原材料、仕掛品等のたな卸資産については、原則として購入代価又は製造原価に引取費用等の付随費用を加算し、これに個別法、先入先出法、後入先出法、平均原価法等の方法を適用して算定した取得原価をもって貸借対照表価額とする。ただし、時価が取得原価より著しく下落したときは、回復する見込があると認められる場合を除き、時価をもって貸借対照表価額としなければならない。
　　たな卸資産の貸借対照表価額は、時価が取得原価よりも下落した場合には時価による方法を適用して算定することができる。
　B　有価証券については、原則として購入代価に手数料等の付随費用を加算し、これに平均原価法等の方法を適用して算定した取得原価をもって貸借対照表価額とする。ただし、取引所の相場のある有価証券については、時価が著しく下落したときは、回復する見込があると認められる場合を除き、時価をもって貸借対照表価額としなければならない。取引所の相場のない有価証券のうち株式については、当該会社の財政状態を反映する株式の実質価額が著しく低下したときは、相当の減額をしなければならない。
　　取引所の相場のある有価証券で子会社の株式以外のものの貸借対照表価額は、時価が取得原価よりも下落した場合には時価による方法を適用して算定することができる。

C　受取手形、売掛金その他の債権の貸借対照表価額は、債権金額又は取得価額から正常な貸倒見積高を控除した金額とする。

D　有形固定資産については、その取得原価から減価償却累計額を控除した価額をもって貸借対照表価額とする。有形固定資産の取得原価には、原則として当該資産の引取費用等の付随費用を含める。現物出資として受入れた固定資産については、出資者に対して交付された株式の発行価額をもって取得原価とする。

　償却済の有形固定資産は、除却されるまで残存価額又は備忘価額で記載する。

E　無形固定資産については、当該資産の取得のために支出した金額から減価償却累計額を控除した価額をもって貸借対照表価額とする。

F　贈与その他無償で取得した資産については、公正な評価額をもって取得原価とする。

経理部専門用語集

英字

ABC（Activity Based Costing）

活動基準原価計算。どの製品やサービスのために発生したのかわかりにくい間接費を、できるだけ正確に割り当てることで、販売・製造活動のコストをより正確に把握しようとする考え方。

ABS（Asset-Backed Securities）

資産担保証券。原債権者からSPC（特別目的会社）等が債権等（貸出債権、リース・クレジット債権、担保不動産等）を譲り受け、それらを担保として発行される有価証券。

BPR（Business Process Reengineering）

業務のプロセスを見直すことで効率や生産性を高め、顧客満足度を高めるための手法。「根本的」「抜本的」「劇的」「プロセス」の4つのキーワードを持つ。

CMS（Cash Management System）

コンピューターや通信回線を活用し、企業内やグループ内にある資金を一元的に管理する手法の総称。

CP（Commercial Paper）

コマーシャルペーパー。企業が公開市場で割引形式で発行する無担保の約束手形。短期資金の調達のために発行される。

DES（Debt Equity Swap）

債務の株式化。事業再生の際の債務超過解消手段で、債務を株式と交換することで、経営不振の企業を再生支援する。

EBITDA（Earnings Before Interest, Taxes, Depreciation and Amortization）

税引前利益に減価償却費と支払利息を加えたもの。近年損益計算書の利益と並んで、企業評価の際に重視されるようになった指標。読み方は、イービットディーエー。

EDI（Electric Data Interchange）

電子データ交換。企業間における受発注や決済情報及び製品仕様情報などをネットワーク上でデジタルデータをやり取りし、ビジネスの迅速化、省力化、正確性向上を図る方法。

EDINET（Electronic Disclosure for Investors' Network）

金融庁が提供する、証券取引法に基づ

く開示書類に関する電子開示システム。

ERP（Enterprise Resource Planning）

企業のすべての経営資源を効率的に計画して管理するマネジメントシステム。これをサポートするシステムを総称してERPパッケージという。

EVA（Economic Value Added）

企業に投下された資本がどの程度うまく活用されたかを測る指標。毎年企業オペレーションから生み出される額から投下資本に対して発生する資本コスト（額）を差引いて計算される。

IFRS（International Financial Reporting Standards）

国際財務報告基準の略。国際会計基準審議会（IASB）が作成した基準書のことで、IASBの前身である国際会計基準委員会（IASC）が作成した国際会計基準（IAS）を含めた基準書の総称。読み方は、アイファース、イファース、アイエフアールエス。

IR（Investor Relations）

投資家向け広報。情報開示への要求の高まりに対応し、企業情報を積極的に開示することで、株価や企業イメージを高めること。

IRR（Internal Rate of Return）

内部収益率。投資金額に対して、どれだけの分配金を得られたか算出する投資利回りの数値。分配金を現在価値に直して複利計算し年率で表示する。

LLC（Limited Liability Company）

有限責任会社。事業をするうえでの新たな組織形態。出資者責任が有限、内部自治権がある等の特徴がある。LLPとの大きな違いは法人格を有する点。

LLP（Limited Liability Partnership）

有限責任事業組合。事業をするうえでの新たな組織形態。出資者責任が有限、内部自治権がある等の特徴がある。LLCとの大きな違いは組合組織である点。

M&A（Merger and Acquisition）

企業の買収・合併。

NPV（Net Present Value）

正味現在価値。将来のキャッシュ・インフロー（現金流入）の現在価値から、投資であるキャッシュ・アウトフロー（現金流出）の現在価値を差し引いた正味の金額。

PER（Price Earnings Ratio）

株価収益率。株価と企業の収益力を比較することによって株式の投資価値を判断する指標。株価を1株当たり利益で除して算出する。ある企業のPERが業種平均より高い場合にはその株式が割高であるといった判断ができる。

PBR（Price Book value Ratio）

株価純資産倍率。市場が評価した企業の時価総額が会計上の解散価値の何倍であるかを表す指標。株価を1株当たり株主資本で除して算出する。

ROA（Return On Assets）

総資産利益率。企業の当期純利益を総資産で除した数値であり、経営資源である総資産をどの程度効率的に活用して利益に結びつけているのかを表す。

ROE（Return On Equity）

株主資本利益率。企業の自己資本に対する当期純利益の割合を指す。投下した資本に対し、企業がどれだけの利潤を上げられたのかを表す。

ROI（Return On Investment）

総資本利益率。企業の総資本に対する税引前当期純利益の割合であり、総資本の一定期間における包括的な運用効率を表す。

SEC（Securities and Exchange Commission）

米国証券取引委員会。大統領が上院の承認を得て任命する5人の委員をトップに、弁護士、会計士、エコノミスト等で構成され、証券や金融の取引の監督や規制について強大な権限を有している。

SPC（Special Purpose Company）

特別目的会社。原保有者から資産の譲渡を受け、株式や債券を発行するような特別の目的のために設立される会社。

TOB（Take Over Bid）

株式公開買付。株式を所有する人に買付の価格、株数、期間などを公告して、買取を提案する。条件に合えば所有者は株式を売りに出す。

ア行

アカウンタビリティ

説明報告義務。企業や役所などの不祥事の続発に伴い、情報開示への要求や社会的責任の観点から、事実を報告し、説明する社会的義務。

移動平均法

棚卸資産の評価基準。原価法の1つであり、取得価額の総額と取得した棚卸資産の取得価額の総額との合計を総数量で割って平均単価を計算し、それをもとに評価する方法。

インボイス

消費税の申告をするときに仕入税額控除を受けるために必要な書類。売手が買手に対し正確な消費税の適用税率や消費税額等を伝えるための手段。次の事項が記載される。①請求書発行者の氏名または名称、②取引年月日、③取引内容、④対価の額、⑤請求書受領者

の氏名または名称、⑥軽減税率の対象品目である旨、⑦税率ごとに合計した対価の額（税込）、⑧登録番号

売上高総利益率

売上高に対する売上高総利益（粗利益）の割合を示すもの。高いほどよい。

売上高経常利益率

売上高に対する経常利益の割合を示すもの。高いほどよい。

運転資金

企業活動を営むうえで必要とされる資本または費用として補充される現金。

営業権

広義では、のれん及び法律上の権利など分離して譲渡可能な無形資産を含むが、狭義では、分離して譲渡可能な無形資産のうち、他の無形資産に区分できないもの。

エクイティファイナンス

企業の資金調達手法。新株発行、CB（転換社債型新株予約権付社債）など新株予約権付社債の発行のように、エクイティ（株主資本）の増加をもたらすもの。

カ行

会計監査人

会計監査を行う監査人のこと。公認会計士もしくは監査法人を選任する必要がある。会社法上の大会社には設置が義務づけられている。

会計参与

取締役と共同して計算書類及び附属明細書を作成し、会計参与報告を作成する。公認会計士、監査法人、税理士、税理士法人を選任する必要がある。会社法により新設された機関で設置は任意。

外形標準課税

資本金や人件費など、所得以外の基準によりかかる法人事業税。従来の所得を基準とする「所得割」に加え、事業の規模や活動など、外部からみてわかる基準により課税する。

会社法

商法第２編、有限会社法、商法特例法等がまとめられたもの。2006 年施行。有限会社の廃止、資本金１円での会社設立可能、取締役は１人でも会社設立が可能等の変更が行われた。

格付け

企業などの発行する債券の信用度について第三者の機関が公表するランク付け。格付け機関には、S&P（スタンダード・アンド・プアーズ）、ムーディーズ、フィッチ・レーティングス、R&I（格付け投資情報センター）、日本格付研究所などがある。

確定拠出型年金（日本版401k）

2001年から導入された年金制度。企業または個人が掛金を拠出し、加入者自身が自己責任で運用を行う。給付額は運用実績により変動する。

貸倒引当金

貸し倒れに備えて用意する引当金のこと。企業には利益から債権の額（無担保部分）に応じて一定割合を積み立てておくことが義務づけられている。

加重平均資本コスト

企業の資金調達に平均してかかるコスト。

株主価値

営業キャッシュフローを資本コストで割引いた現在価値と非営業部分の価値を足したものから有利子負債を控除した評価額のこと。

株主総会

株式会社の最高意思決定機関。株主は持ち株数に応じて議決権を持ち、会社の組織・業態に関する事項や、取締役や監査役の選任、解任などを決議する。

株主代表訴訟

株主が取締役に対して会社へ損害賠償をするよう請求する訴訟。取締役が会社に損害を与えた場合、株主が会社に代わり損害賠償請求する制度。

簡易組織再編

合併、会社分割、株式交換などの手続きにおいて、一定の要件を満たした場合には株主総会決議が不要となること。会社法で規定されている。

監査役

株主総会で選任され、会社の会計監査と業務監査を行う株式会社の機関。

監査役会

３名以上の監査役全員で構成される、適切な監査意見を形成するための調整機関。会社法上の大会社（株式非公開のものを除く）に設置が義務づけられている。

勘定科目

仕訳をする場合に必要な、取引内容を詳しく記録するための項目の総称。

カンパニー制

事業部制を発展させた組織形態で社内組織の独立性をより強めた方式。経理面では、損益計算だけでなく、社内資本金など貸借対照表も独立させた制度。

企業結合会計基準

合併、株式交換、株式移転など、事業統合が行われる際の会計処理を定めた会計基準。

企業内容開示制度

会社の利害関係者に会社の決算内容を開示するために設けられている制度。主に会社法によるものと証券取引法に

よるものがある。

キャッシュフロー経営

企業価値の評価において、キャッシュフローを最重要指標として位置づけ、その最大化を目標とする経営手法。

金庫株

株式発行後、その発行会社自身が取得して保有している株式。

金融商品会計

有価証券やデリバティブ取引など金融商品全般に適用される会計手法。時価主義やヘッジ会計などの考え方を取り入れている。

金融商品取引法

証券取引法を改正し、有価証券以外の金融商品も規制の対象とした包括的な規制法。2007年施行。

偶発債務

現実の債務ではないが、発生するかどうかの不確実な状況にあり、発生した場合初めて現実の債務となるもの。債務保証などがある。

繰延税金資産

企業会計上の資産と税務上の資産の算出方法の違いから生まれる帳簿上の資産。資産に計上することで法人税等を減額させる効果がある。

繰延資産

支出の効果が将来にわたって発現するものと期待される費用。その効果が及ぶ数期間に合理的に配分することで資産として計上できる。

経理DX

デジタル技術を導入することで、経理業務を変革し効率性を向上させること。 取引の電子化や財務情報の自動化が重要になる。

月次決算

月単位で行われる決算。年次決算と異なり簡略的に行われる。

原価法

棚卸資産の評価基準。取得したときの価格を基準として資産を評価する方法。

研究開発費等会計

企業活動における研究開発やソフトウエアを対象とした統一的な会計手法。

減損会計

何らかの理由で価値が減少した資産を保有している場合に、その価値の減少を認識して資産の帳簿価額を減額する方法。

後発事象

決算日後発生し、翌期以降の財務諸表に重要な影響を及ぼす事象のこと。財務諸表のより適正な判断のために注記

が要求されている。

公募増資
広く不特定多数の一般投資家を対象に新株を発行・募集すること。

ゴーイングコンサーン
継続企業の前提。企業などが将来にわたって、無期限に事業を継続し、廃業や財産整理などをしないことを前提とする考え方。

コーポレートガバナンス
企業統治。大企業の相次ぐ不祥事の発生に伴い、効率的でかつ健全な企業経営を可能にするシステムをいかに構築するかが課題となっている。

小切手
有価証券の一種。振出人が受取人に対し一定額を支払うことを支払人である銀行に委託するもの。

国際会計基準
各国の会計士団体により構成された委員会によって策定される会計基準。国際的な統一基準として、海外から資金調達する会社などでは重要。

固定長期適合率
固定資産の自己負債と固定負債の総額に占める割合を示すもの。財務の安全性（健全性）を見るための指標で、企業の資金源泉と資金使途との適合状況

を分析する。低いほどよい。

固定比率
固定資産の自己資本に占める割合を示すもの。財務の安全性（健全性）を見るための指標で、固定資産がどの程度自己資本でまかなわれているのかを見る。低いほどよい。

サ行

債務超過
会社の資産額から負債を控除した残高がマイナスの状態、つまり会社の純資産がマイナスになる状態のこと。

先入先出法
棚卸資産の評価基準。原価法の1つであり、最も古く取得されたものから順次払い出されるとの仮定に基づいて払出単価を決定する方法。

時価主義会計
資産を取得原価ではなく時価で評価する会計方式。国際会計基準では、有価証券など金融資産については時価で評価する方式を採用している。

時価情報
資産のうち現在の市場価格が正確に算定されるものについての時価に関する情報のこと。現在、有価証券について開示されている。

資産再評価

資産を簿価ではなく時価で評価すること。銀行の自己資本規制や企業の含み益の実態把握のため、特に土地について時価で評価することをいう。

資産の流動化

不動産や債権を様々な手法を利用して現金化すること。資産からの収益などを担保として証券を発行する証券化の手法が利用される。

自社株消却

自社の株式を消却して発行株数を減らす方法。資本金、資本準備金、留保利益を財源として消却を行う。会社法の施行により制度が利用しやすくなった。

四半期決算

本決算と中間決算の間に中間報告的に開示する決算。証券取引所では上場会社に開示を義務づけていたが、金融商品取引法の改正により 2024 年 4 月より廃止。

私募債

公募債に対する呼称で、機関投資家や少人数を対象にして発行される社債。銀行の介入で規制が強かったが、最近は規制緩和が進んでいる。

賞与引当金

賞与の支給額が確定してない場合に、支給見込額のうち、当期負担分を費用計上するもの。

新株予約権

あらかじめ定められた条件で新株式を購入する権利。「社外向け発行」「無償割当」「有利発行」「ストックオプション」などがある。

新株予約権付社債

発行会社の株式を買い付ける権利の付いた社債。

ステークホルダー

利害関係者。株主、社員、取引先、周辺住民等、企業活動と関連するあらゆる関係者のこと。

ストックオプション

株価に連動する報酬制度の一種。あらかじめ決まった価格で自社株を購入できる選択的権利（オプション）のこと。

スワップ取引

金融派生商品の 1 つ。二者間で等価と思われる「将来のキャッシュフロー（現金収支）」を交換する取引。金融取引のスワップの代表は金利スワップと通貨スワップがある。

税効果会計

会計上の税引前利益と税法上の利益との対応を重視して、税金の期対応を行う手法。

セグメント情報

連結会計制度で要求されている事項で、会社グループの事業や、売上地域区分、顧客所在地別に損益や資産の状況を開示したもの。

総平均法

棚卸資産の評価基準。原価法の1つで、「期首棚卸資産の取得価額の総額」と「その事業年度に取得した棚卸資産の取得価額の総額」との合計額を総数量で割って平均単価を計算する方法。

損益分岐点

売上高とかかった総費用とが合致し、利益も損失も生じない状況になる指標。企業の採算性を見るために使われる。

タ行

退職給付会計

年金基金の試算を時価評価する一方で、負債については将来支払うべき年金額を現在価値に引き直し、財務諸表に取り込む手法。

棚卸資産

企業が所有する流動資産の1つ。決算時に棚卸しをしなければならない資産をいう。商品・原材料・製品・半製品・仕掛品・貯蔵品などが該当する。

地方法人特別税

地方の税収格差を是正するために法人事業税と併せて賦課される国税。法人事業税の財源の一部を国税に振り替えて徴収し、税収の少ない道府県に国が配分する制度。

中間決算

事業年度開始から6カ月間が経過した時点の財務、営業状況を開示するための決算。

低価法

棚卸資産の評価基準。取得したときの価格と時価とを比較し、いずれか低いほうの価額を基準として資産を評価する方法。

定額法

減価償却の手法。固定資産の使用可能期間である耐用期間中、毎期均等に減価償却費を計上する。

定率法

減価償却の手法。固定資産の使用可能期間である耐用期間中、毎期期首の未償却残高に一定率をかけた減価償却費を計上する。

デットファイナンス

企業の資金調達手法。銀行借入・普通社債など、他人資本が増加し返済期限の定められた資金調達を指す。

デリバティブ

通貨、債券、株式などの諸資産に対して、その価格変動を対象とした取引契約をいう。先物取引やオプション取引、スワップ取引などの総称。

電子インボイス

規格の統一と請求プロセス全体のデジタル化の実現を図るためにインボイスを電子データ化したもの。日本の電子インボイスの仕様には Peppol（Pan European Public Procurement Online：請求書などの電子文書をネットワーク上でやり取りするための世界標準規格）が採用されている。

電子帳簿保存法

税務関係帳簿書類のデータ保存を可能にする法律。取引情報を含む電子データをやり取りした場合の、当該データに関する保存義務やその保存方法等についても同法により定められている。

当座比率

当座資産の流動負債に占める割合を示すもの。短期の負債に対する企業の支払い能力を見るための指標。企業の財務の安全性を見る。高いほどよい。

倒産予測情報

企業の倒産の可能性に関する予測情報。米国では格付け機関や監査人からの情報として重要視されている。日本では、帝国データバンクが「倒産予測値」という、企業が1年以内に倒産する確率数値を算出している。

投資事業有限責任組合

ベンチャー企業への投資を促進するために制定された法律に基づく法人格を持つ投資組合。有限責任の組合制度を作ることで、投資家からの投資を促進する。

トラッキングストック

会社内の特定事業部門やセグメントの業績をもとに、投資家に対して配当を提供する種類株式（クラスストック）。

取締役

法人としての会社からその経営を任された者。株式会社の場合は株主総会で選任され、取締役全員で「取締役会」を構成して会社業務の執行・監督を行う。

ナ行

内部監査

組織が自身の組織のマネジメントシステムが有効に運営されていることを確認する手段。

内部統制

財産を保全し、会社資料の正確性と信頼性を確保し、資源の有効利用を促進するために採用されている組織、手続、手法のこと。

日次決算

１日単位で行われる決算。迅速な意思決定のために年次決算等より簡略化して行われる。

年末調整

その年の最後の給与を支払う時に個人が負担すべき所得税額を計算し、源泉徴収した所得税額との差額を調整するもの。

のれん

合併や会社分割など企業結合において、支払対価総額と受け入れた資産及び引き受けた負債に配分された純額との差額。法人税法上では資産調整勘定という。のれんには、分離して譲渡可能な無形資産（狭義の営業権）は含まない。

ハ行

引当金

将来の費用または損失であって、発現の可能性が高く金額が合理的に見積ることの可能なもの。当期の負債として処理できる。

付加価値額

売上高から原材料費や減価償却費を差し引いたもので、「粗利」に近い。

含み資産

所有している資産について、時価が取得価額よりも高い場合の資産。

粉飾決算

実際には利益がないのにあるように見せかけたり、利益を水増ししたりする決算の方法。倒産の主な原因となる。

分配率

収益や支出などの様々な勘定へ配賦される比率。経理では、労働分配率など付加価値の分配率が重視される。

ヘッジ取引

リスクを回避するために、先物や為替予約、オプション等の金融商品を取得する取引をいう。

法人事業税

法人の行う事業に対し、所得または収入等を基準として課税される地方税（都道府県税）の１つ。

法人住民税

企業の経営活動の成果や企業規模に応じて課税される地方税。法人都道府県税と法人市町村民税を総称している。

ポートフォリオ（Portfolio）

期待収益とリスクを基準として、投資分野を分割し、選別する資源配分の組み合わせ。有価証券内訳明細表。

簿外取引（オフバランス）

現行の財務会計制度では記帳すること

が要求されていない取引。あるいは故意に記帳されなかった取引。

無形固定資産

企業の保有する資産のうち、目には見えない権利等のもの。営業権、特許権、商標権等が含まれる。

持株会社

複数の企業群を企業グループとして統制していくため、グループ各社の株式を保有する核となる会社。

有形固定資産

企業の保有する資産のうち、1年を超えて使用することを目的とするもの。土地・建物・機械・工具器具等が含まれる。

リース会計

ファイナンス・リースの借手側の処理について通常の売買処理と同様の処理を行い、リース資産・債務を財務諸表に取り込む手法。

リスクフリーレート

リスクがないとみなされる国債等から得られる利回り。

流動比率

流動資産の流動負債に占める割合を示すもの。短期の負債に対する企業の支払い能力を見るための指標。企業の財務の安全性を見る。高いほどよい。

連結決算

子会社や関連会社などの決算を保有株比率などに応じて売上や利益を加算して集計したもの。

付録2 経理部専門用語集

索 引

英字

ADR法	192
DX化	92
EDINET	54, 55
eLTAX	42
ERPシステム	88
IR	20, 55
LTAX	42
M&A	30, 32, 33, 34
PDCA	210
Peppolネットワーク	92

あ

移動平均法	98
インボイス（適格請求書）	126, 128, 129
売上総利益	74, 75
売上高利益率	161
売掛債権	56, 108
営業活動によるキャッシュフロー	144
営業利益	74, 75
オペレーティングリース	198

か

買掛債務	56
外貨建取引	110, 111
外貨建取引等会計処理基準	110
会計監査	58, 59, 130, 131
会計監査人	118, 124
会計監査人設置会社	54, 131
会計監査人非設置会社	131
会計システム	88, 89, 90
会計方針	98, 99
会社更生法	192
会社分割	32

会社法	22, 82, 96, 97 186, 187
会社法会計	96
会社法監査	130, 131
確定給付型	196
確定給付企業年金	196
確定拠出型	196
確定決算主義	96
確定申告	58
貸方	84, 85, 100, 101
課税標準	190
合併	32
株式交換	32
株式取得	32
株主資本等変動計算書	94, 122
株主総会	118, 132
株主割当	153
借方	84, 85, 100, 101
監査役会	118
勘定科目	64, 86
勘定組織	86, 87
勘定科目体系	86, 87
間接金融	36, 37
間接部門	48
間接法	144, 145
管理会計	14, 15, 16, 17, 72, 73, 78, 79, 158, 159
管理会計のための原価計算	102
管理システム	26
企業会計	190
企業会計基準	185
企業会計原則	180, 182, 183, 214
企業会計のトライアングル体制	82, 96, 97
企業再生ADR	192
期中監査	130
期末監査	130
キャッシュフロー経営	154
キャッシュフロー計算書	94, 144, 145
業績評価会計	174

業務監査 ……………………………… 130
業務システム ……………………………… 90
金商法監査 ……………………………… 130
金融商品会計基準 ……………… 40, 41, 112
金融商品取引法 ……… 22, 54, 82, 96, 97, 188, 189
金融商品取引法にかかわる会計 …………… 96
組替表 ……………………………… 136
クラウド会計ソフト ……………………… 88
繰延税金資産 ……………………………… 194
繰延税金負債 ……………………………… 194
グループ通算制度 ……………………… 124
経営管理 ……………………………… 14, 208
経営分析 ……………………………… 160
経過勘定項目 ……………………………… 94
計算書類 ……………… 54, 55, 118, 122, 124
経常利益 ……………………………… 74, 75
継続記録法 ……………………………… 104, 105
経費精算システム ……………………… 90, 148
決算 ……………………………… 118
決算公告 ……………………………… 118
決算整理 ……………………………… 94
決算短信 ……………………………… 118
決算方針 ……………………………… 120
月次決算書 ……………………… 70, 116, 117
月次資産表 ……………………………… 70
限界利益 ……………………………… 162
限界利益率 ……………………………… 162
原価計算 ……………………………… 102, 103
原価計算基準 ……………………………… 102
減価償却 ……………………………… 106, 107
減価償却資産 ……………………………… 107
原価法 ……………………………… 98, 105
現金主義 ……………………………… 142
減損会計基準 ……………………………… 106
現品管理 ……………………………… 105
現物管理 ……………………………… 107
公開買付（TOB） ……………………… 32
厚生年金基金 ……………………………… 196
購買系業務システム（仕入管理システム）
……………………………… 90
公募 ……………………………… 153
コーポレートガバナンス ……………… 54
コーポレートファイナス ……………… 36, 37
小切手 ……………………………… 150

国際会計基準（IFRS） ……… 18, 38, 3940, 41
国際財務報告基準 ……………………… 38
固定資産 ……………………………… 106, 107
固定資産管理 ……………………………… 106, 107
固定資産管理システム（減価償却計算システ
ム） ……………………………… 90
固定長期適合率 ……………………………… 161
固定費 ……………………………… 162
固定比率 ……………………………… 161
個別注記表 ……………………………… 122
コマーシャルペーパー（CP） ……… 36, 153
コンバージェンス ……………………… 40
コンプライアンス ……………………… 22

さ

債権管理 ……………………………… 108, 109
債権保全 ……………………………… 109
在庫管理 ……………………………… 104, 105
最終仕入原価法 ……………………………… 98
財務会計 ……… 14, 15, 16, 17, 72, 73, 74, 159
財務会計のための原価計算 ……………… 102
債務確認 ……………………………… 109
財務活動によるキャッシュフロー ……… 144
財務諸表 ……………………………… 94, 95
財務諸表分析 ……………………………… 160
財務報告 ……………………………… 96
先入先出法 ……………………………… 98
仕入先元帳 ……………………………… 66
事業再編 ……………………………… 30, 31
事業譲渡 ……………………………… 32
事業税 ……………………………… 124
事業報告 ……………………… 54, 55, 122
資金 ……………………………… 142
資金運用 ……………………………… 154, 155
資金管理 ……………………… 72, 73, 76, 77
資金繰計画表 ……………………………… 70
資金繰り表 ……………………………… 144
自己資本比率 ……………………………… 161
自己資本利益率 ……………………………… 161
資産 ……………………… 74, 84, 86, 87
資産除去債務会計 ……………………… 200
試算表 ……………………………… 94, 116
資産負債アプローチ ……………………… 38, 39

市町村民税 ……………………… 124
実現主義 ………………………… 96
資本的支出 ……………………… 106
指名委員会等設置会社 …………… 58
借地・借家法 …………………… 180
社債 …………………………… 36, 153
収益 …………………………… 86, 87
収益認識に関する会計基準……… 40
収益費用アプローチ ……………… 39
住民税 …………………………… 58
出勤処理 ………………………… 148
出金伝票 ………………………… 100
取得原価主義 …………………… 96
主要簿 ……………………… 86, 87, 114
純資産 ……………………… 74, 86, 87
純粋持株会社 …………………… 34
商業登記法 ……………………… 180
証券化 …………………………… 36
消費税 …………………………… 126
消費税法 ………………………… 180
情報開示機能（ディスクロージャー）…… 20
所有権移転ファイナンスリース取引
…………………………………… 198
所有権移転外ファイナンスリース取引
…………………………………… 198
資料箋 …………………………… 59
仕訳 ……………………… 64, 100, 101
仕訳帳 …………………………… 86
仕訳伝票 …………………… 65, 66, 100, 101
申告納税制度………………… 58, 138
人事システム（給与計算システム）…… 90
信用調査 ………………………… 108
出納業務 ………………………… 148
スタッフ的役割 ………………… 14
ステークホルダー ……………… 54, 122
税効果会計 ……………………… 194
製造間接費 ……………………… 102
製造原価 …………………… 102, 164
製造原価報告書 ……………… 94, 122
税引前当期純利益 ……………… 74, 75
税務会計 …………………… 96, 190
税務申告 …………………… 96, 124
税務申告調整 …………………… 190
税務調査 ……………… 58, 59, 138, 139

税務調整 ………………………… 124
全部原価計算 …………………… 168, 169
総勘定元帳 ……………… 64, 86, 87, 94
総原価（全部原価）…………… 164, 165
増資 ……………………………… 153
総資本回転率 …………………… 161
総資本利益率 …………………… 161
総費用 …………………………… 162
総平均法 ………………………… 98
損益分岐点 ……………………… 162
損益計算書 ……………………… 74, 75
損益分岐点分析 ………………… 162
損益分析点売上高 ……………… 162
損益計算書 …………… 74, 75, 94, 122

た

大会社 …………………………… 58
第三者割当 ……………………… 153
貸借対照表 …………… 74, 75, 94, 122
退職一時金 ……………………… 196
退職給付 ………………………… 196
退職給付会計 …………………… 196
退職給付債務 …………………… 196
退職給付引当金 ………………… 196
退職年金 ………………………… 196
滞留管理 ………………………… 105
滞留債権 ………………………… 56
滞留債権管理 …………………… 109
達成目標 ………………………… 166
棚卸計算法 …………………… 104, 105
中期経営計画 …………… 78, 170, 171
中小企業の会計に関する基本要領（中小
　会計要領）………………… 184, 185
中小企業の会計に関する指針（中小会計
　指針）……………………… 184, 185
調査報告分析 …………………… 160
帳簿 ……………………………… 86
帳簿管理 ………………………… 107
帳簿組織（帳簿体系）………… 86, 87
直接金融 ……………………… 36, 37
直接部門 ………………………… 48
直接法 ……………………… 144, 145
低価法 ……………………… 98, 105

定時株主総会 ……………………………… 132
ディスクロージャーへの対応 ………… 18, 19
ディスクローズ …………………………… 54, 55
適格退職年金 ……………………………… 196
適法性監査 ………………………………… 130
デジタルインボイス …………………… 128, 129
デューデリジェンス ……………………… 160
転換社債（CB) …………………………… 153
転記 ………………………………………… 64
でんさい（電子記録債権）……… 146, 150, 151
電子インボイス ………………………… 128, 129
電子債権ネットワーク（でんさいネット）
…………………………………………… 150
電子申告（e-Tax）………………………… 42, 43
電子帳簿保存法 ………………… 88, 114, 180
電信売相場（TTS）……………………… 110, 111
電信買相場（TTB）……………………… 110, 111
電信仲値相場（TTM）…………………… 110, 111
当期純利益 ………………………………… 74, 75
当座借越 …………………………………… 153
倒産法 …………………………………… 192, 193
投資活動によるキャッシュフロー …… 144
得意先元帳 ………………………………… 66
独占禁止法 ………………………………… 180
特別清算 ………………………………… 192, 193
特別調停法 ………………………………… 192
都道府県民税 ……………………………… 124

な

内部原価 …………………………………… 174
内部統制（インターナルコントロール）
…………………………………………… 22, 46
内部統制機能 ……………………………… 14
内部統制への対応 ………………………… 18, 19
入金処理 …………………………………… 148
入金伝票 …………………………………… 100
任意監査 …………………………………… 58
任意整理 …………………………………… 192

は

配当可能利益 ……………………………… 96
破産法 …………………………………… 192, 193

パッケージ型会計ソフト ………………… 88
発生主義 …………………………………… 142
半期報告書 ………………… 54, 96, 136, 188
販売系業務システム（販売管理システム）
…………………………………………… 90
反面調査 …………………………………… 59
非減価償却資産 …………………………… 107
必要利益 …………………………………… 166
費用 ………………………………………… 86, 87
標準原価計算 …………………………… 102, 164
複式簿記 ………………… 64, 82, 84, 86, 87
含み資産 …………………………………… 39
負債 …………………………… 74, 84, 86, 87
附属明細書 …………………………… 54, 55, 122
普通社債（SB）…………………………… 153
部分原価 …………………………………… 164
振替伝票 …………………………………… 100
ヘッジ ……………………………………… 112
変動費 ……………………………………… 162
包括利益 …………………………………… 38
法人税 ……………………………………… 58, 124
法人税等 …………………………………… 190
法人税等調整額 …………………………… 194
法人税法 ………………… 82, 180, 190, 191
法人向けインターネットバンキング …… 68
法定監査 …………………………………… 58, 130
簿記 ………………………………………… 84, 85
補助簿 …………………………… 66, 86, 87, 114

ま

マネジメントサイクル …………………… 210
未実現利益 ………………………………… 134
民事再生法 ………………………………… 192
民法 ………………………………………… 180
無形固定資産 ……………………………… 107
持株会社（ホールディングカンパニー）
…………………………………………… 34, 35
持分法 ……………………………………… 134

や

約束手形 …………………………………… 150
有価証券 ………………………………… 112, 113

有価証券通知書 188
有価証券届出書 54, 188
有価証券報告書 54, 55, 96, 118, 136, 137, 188
予算制度 210
与信管理 56, 108, 109

ら

ライン的役割 14
リース会計基準 106
リース取引 198
リースバック 153
リース会計基準 40, 41
リース期間定額法 198
リース資産 198
リース負債 198
利益管理 166, 167
リスクへの対応 18, 19
流動比率 161
臨時報告書 54, 188
連結決算 134, 135
連結財務諸表 134

わ

資金業務 14, 15, 16
直接原価 164
直接原価計算 168, 169
内部統制報告書 22
有形固定資産 107

栗山　俊弘（くりやま・としひろ）
栗山税務会計事務所代表。中央大学商学部卒業後、1981年マックス株式会
社、1989年株式会社ケーピーエムジーピートマーウィック（現：KPMG税理
士法人）を経て、1995年より現職。税理士、中小企業診断士。

山本　浩二（やまもと・こうじ）
若葉パートナーズ法律会計事務所パートナー（会計税務部門）。中央大学経済
学部卒業後、1983年新日本監査法人、1989年山本浩二公認会計士事務所、2004
年四樹総合法律会計事務所を経て、2018年より現職。公認会計士、税理士。

松澤　和浩（まつざわ・かずひろ）
青山綜合会計事務所代表取締役会長。明治大学商学部卒業後、1990年監査法
人トーマツに入所し、監査業務、株式公開支援業務を担当。1999年青山綜合
会計事務所を設立。ストラクチャードファイナンス分野で金融債権・不動
産・事業証券化などを扱うSPC管理案件に従事する。私募ファンドの役員の
他、REITの監督役員を務める。公認会計士、税理士、不動産証券化協会認
定マスター。

著者代表連絡先　E-mail：kjkuriyama@tkcnf.or.jp

経理部員の基礎知識

2024年4月30日　初版第1刷発行

著　者——栗山　俊弘　ⓒ2024 Toshihiro Kuriyama
　　　　　山本　浩二　ⓒ2024 Koji Yamamoto
　　　　　松澤　和浩　ⓒ2024 Kazuhiro Matsuzawa
発行者——張　士洛
発行所——日本能率協会マネジメントセンター
〒103-6009 東京都中央区日本橋2-7-1　東京日本橋タワー
TEL 03（6362）4339（編集）／03（6362）4558（販売）
FAX 03（3272）8127（編集・販売）
https://www.jmam.co.jp/

装　　　丁——重原　隆
本文DTP——株式会社森の印刷屋
編集協力——根本　浩美（赤羽編集工房）
印　刷　所——広研印刷株式会社
製　本　所——株式会社新寿堂

ISBN978-4-8005-9204-0 C2034
落丁・乱丁はおとりかえします。
PRINTED IN JAPAN

JMAM の本

図解でわかる**総務部員の基礎知識**
役割・機能・仕事──部門に1冊の実務マニュアル

下條一郎　著

A5判240ページ

総務部員として最低限知っておきたい基本項目（役割、機能、業務、必要な知識）を抽出し、新しく総務部に配属された人から現在総務部に在籍している人の日常的な実務を図解で解説。

改正電子帳簿保存法とインボイス制度対策のための
経理DXのトリセツ

児玉尚彦・上野一也　著

A5判248ページ

経理の業務時間の4分の3が事務作業と言われる現状をDXにより将来的にはゼロ時間を実現し、経営管理など、より重要な業務ができることをめざす。そのための経理実務を詳解！

ジョブ型人事制度の教科書
日本企業のための制度構築とその運用法

柴田 彰／加藤守和　著

A5判224ページ

「ジョブ型は成果主義のことだ」などとの誤解があるジョブ型人事制度。「処遇は職務の価値によって与えられる」ことを根底に、制度設計から評価法、運用法などの実務を専門家が詳述。

日本版ジョブ型人事ハンドブック
雇用・人材マネジメント・人事制度の理論と実践

加藤守和　著

A5判216ページ

ジョブ型を導入する現場では「職務記述書」と「職務評価」の運用がカギとなる。その具体的な取り組み方や基幹人事制度および人材マネジメントへの活用法を丁寧に解説。制度導入・運用の手引きに使える。

日本能率協会マネジメントセンター